미래 한국교회의 대안 시리즈 ①

왜 교회 컨설팅인가?

| 김성진 지음 |

Q 쿰란출판사

왜
교회 컨설팅인가?

"어떠한 조직이라도 과거에 성공한 방법을
계속 유지하면 확실히 실패한다"

피터 드러커

추천의 글

　목회현장에서 30년간 사역하다가 하나님의 부름을 받아 선지동산에 온 지가 벌써 6년을 넘어서고 있다. 그동안 크고 작은 일들을 겪으면서 지혜롭게 대처하고 해결했던 모든 과정들이 하나님의 은혜가 아닌 것이 없다. 지금도 선지동산에서 미래 사역을 위해 밤낮으로 기도하고 공부하며 사역지에서 땀을 흘리는 학생들을 생각하면 무릎이 저절로 꿇어지고, 두 손을 들 수밖에 없다.

　나의 목회현장의 사역에서 얻어진 연륜과 경험의 신앙을 우리 학우들에게 나누면서 많은 한계에 부딪치고 넘어질 때가 많았다. 반면에 수많은 학생들이 구두와 서면으로 감사의 편지와 문자를 보내올 때면 그 벅찬 감동을 주체할 수 없어 눈물을 흘릴 때가 많았다. 이것 또한 하나님의 은혜인 것을 깨달았다. 그리고 그들과의 만남과 대화를 기억하고 감사한다.

　또한 동역자들이 있다. 그들의 귀한 은사에 감동을 받는다. 지금도 김성진 소장으로부터 매일 알차고도 능력 있는 글을 받는다. 그리고 매우 고마워한다. 한국교회에 없던 첫 번째 교회 컨설팅이라는 대안의 보화를 보며 감사한다.

오늘날 한국교회뿐만 아니라 온 지구상의 교회들이 복음의 씨앗을 뿌릴 데가 없다고 한탄하고 있다. 이유는 문명이 급속도로 변화하는 4차 산업혁명의 시대에 젊은 세대들에게 신앙을 뿌리박는다는 것이 매우 힘들다는 것이다. 이러한 가운데 목회현장에서 사역하고 있는 모든 사역자에게 시원한 생명수 같은 대안을 제시한 김성진 소장님의 《왜 교회 컨설팅인가?》는 이 모든 문제를 해결할 수 있는 '사막의 오아시스'라고 생각한다.

다음 세대의 목회자들의 고민을 쉽게 해결할 수 있는 방법론적 이론과 경험을 진솔하고도 포괄적으로 제시하고 있는 이 책이야말로 21세기 교회와 목회사역에 성공의 새로운 패러다임이 아닐까 생각된다.

이 책이 한국교회 목회자들과 평신도 사역자, 신학생, 선교사들에게 널리 전해지길 간절히 바란다.

2020년 6월 15일

한국교회의 다음 세대를 위해 기도하는

서울장신대학교 총장 안주훈

추천의 글

요즘 흔히 쓰는 말 가운데 '차별화가 되어야 한다'는 말이 있다. 이 같은 말은 작은 가게에서부터 큰 대기업까지 즐겨 쓰는 말이다. 차별화를 시키려면 나부터 차별화가 되어야 한다. 그러기 위해서는 변화를 가져와야 한다. 변화를 위해서는 배우고, 배운 바를 실천해야 한다. 그 실천 과정에서 자기의 부족함을 깨닫게 된다. 그리고 깨달은 바를 진실하게 실천해 가는 것이 변화이다. 이런 사람에 의해서 발명과 발전이 일어나는 것이다.

어떤 사람은 이렇게 말했다.
"보통 사람이란 대가가 이룩한 일보다 단지 한두 걸음 앞에서 멈춘 사람들이다."
콜럼비아 대학 총장을 지낸 니콜라스 버틀러는 "이 세상에는 세 종류의 사람이 있다. 주변에 무슨 일이 일어나고 있는지 관심도 없는 사람, 주변의 변화를 보면서 남들만 비난하는 사람, 주변 사정을 보고 무엇이 필요한지 발견하고 그것을 행동으로 옮기는 사람이다"라고 했다.

즉, 남들보다 더 노력하고, 더 연구해서 우리가 살아가는 이 시대에 무엇이 필요한지 알아서 그것을 행동으로 옮기는 사람이 바로 '대가'라는 것이다.

이 시대는 빠르고 긴박한 변화가 거듭되고 있다. 그런 시대의 흐름에 교회가 뒤처진다면 어떤 결과를 초래할 것인가? 더더욱 교인들은 빠른 세상의 변화에 고민하고 있다. 세상을 좋아하자니 영이 방해를 받고, 영의 일을 따르자니 육의 세상에서 견뎌낼 수 없는 것이다. 그러니 목회자는 양들을 보살피고 그들이 세속에 지지 않고, 육에 물들지 않고 '경건함'을 잃지 않는 균형을 유지하도록 하는 사명이 있다. 그러므로 목회자는 목회사역을 위해서 그런 변화를 미리 알고 연구해서 잘 안내해야 한다.

컨설팅이란, 어떻게 하면 이런 변화 속에서 다양한 문제들을 해결하고 교회의 사명을 감당해 갈지 연구하여 올바른 해법을 제시해 주는 '어드바이스 서비스'라고 해야 할 것이다. 저자는 말하고 있다.

"컨설턴트는 세상을 비난만 하거나, 세상에 속하여 끌려가는 사람이 아니다. 목회자는 그 속에서 끊임없이 변화와 발전을 위해서 무엇이 필요한지 알아 그것을 행동으로 옮기는 사람이 되어야 한다."

이 책이 미래의 한국교회를 위해 진실하게 쓰임 받기를 진심으로 바란다. 그래서 위기의 한국교회가 가라앉아 버리지 않고 새로운 활로를 찾는 일에 모든 목회자들에게 용기와 힘을 주었으면 한다. 그 동안 책을 쓰면서 다방면의 연구와 현장을 누비며 애쓴 소장님께 이 지면을 빌려 감사를 드리고 축하를 드린다.

2020년 6월 15일

하늘꿈교회 담임목사, 목회컨설팅연구소 이사장

신용대 목사

추천의 글

평신도 사역자로서, 한국교회의 실제적 모습과 여러 가지 어려운 환경들에 직접 부딪치고 바라보았을 때 답답한 마음도 있고 안타까운 마음도 있다. 또 그럼에도 불구하고 소망의 불씨들이 끊임없이 계속해서 일어나는 것도 볼 수 있다.

21세기를 살아가는 우리에게 사람이든 조직이든 미래를 준비하고 대비하는 것은 너무나도 당연한 일이다. 그런 의미에서 김성진 소장님과 목회컨설팅연구소가 한국교회의 미래를 고민하고 준비하며 사역 속에서 적용했던 내용이 오래 농축된 경험의 실제와 이론으로 정리되어 이렇게 책으로 나올 수 있게 된 것에 대해 큰 기쁨과 희망을 느낀다.

이 책을 읽는 모든 독자들이 '어떻게 감히 교회에 세상적인 방법을…'이라는 마음을 내려놓고, 주님께서 주시는 지혜와 주님만의 방법으로 교회를 돕는 방법이 있음을 깨닫게 될 줄 믿는다.

이 책이 한국교회에 새로운 이정표를 만드는 데 주춧돌이 되길 바란다.

2020년 6월 15일

크리스천 병원을 선도하는 치과의사 / MSC 운영위원장

김태윤

추천의 글

한국이 세계에서 주목 받는 나라가 되었다. 신종 코로나 바이러스 감염증(코로나 19) 때문이다. 처음에는 한국을 중국 다음으로 코로나 확산 국가라고 해서 세계가 문빗장을 걸었다. 그런데 얼마 지나지 않아서 세계는 한국을 다시 보게 되었고 한국에 도움을 호소하고 있다. 한국이 코로나 극복에 세계 모델이 될 만한 국가라고 찬사를 아끼지 않는다.

어떻게 이런 극적인 드라마를 한국이 만들었을까? 한국의 행정 당국은 사스와 메르스 바이러스 사태 때 배운 경험을 바탕으로 새로운 상황을 위해 철저하게 대비하고 있었다. 세계 언론들이 한국의 뛰어난 의료 시스템과 높은 시민의식, 신속한 진단과 철저한 방역을 앞다퉈 보도했다. 한국의 방역 전략 가운데서 가장 중요한 것은 확진자를 끝까지 찾아 누구든 치료해 주는 의료 시스템과 진단 키트와 의료진의 헌신, 국민 모두의 시민 의식이 조화를 이룬 드라마라고 할 수 있다.

특히 한국의 진단 키트는 세계 106개국에 수출을 한다. 세계가 코로나 극복을 위해 진단 키트가 필수임을 말해 준다. 영국과 미국 같은 선진국이 진단 키트를 제대로 개발하지 않고, 사용하지 않다가 돌이킬 수 없는 엄청난 확진자와 사망자를 낳았다.

성경에서 가장 아름답고 뜻이 있는 건물이 둘 있는데 하나는 모세가 건립한 성막이고, 다른 하나는 솔로몬이 건축한 성전이다. 이 두 건물의 공통점은 둘 다 설계도를 하나님께 받은 대로 건축한 것이다. 성막의 설계도는 모세가 받았다. 성막건립에 필요한 재료는 출애굽한 백성들이 기쁨으로 헌납했다. 하나님께서 선택하여 세운 브살렐과 오홀리압은 건축 책임자로서 받은 사명을 감당했고, 모세는 감독자로서 책임을 다했다. 마침내 성막 봉헌식을 할 때 하나님의 영광이 성막에 충만했다.

솔로몬이 건축한 성전은 설계도를 다윗이 하나님께 받아서 솔로몬에게 주어 건축하게 했다. 다윗과 솔로몬은 설계도대로 건축하기 위해 충분히 재료를 준비했고, 솔로몬 때 7년에 걸쳐서 건축 책임을 맡은 지도자들과 일꾼들이 땀 흘린 수고 끝에 완성했다. 솔로몬의 성전 봉헌식에도 하나님의 영광이 충만하게 나타났고 백성들은 기뻐하며 하나님을 경배했다. 설계도의 중요성을 볼 수 있으며, 언약공동체의 헌신이 빚은 아름다운 결과물이다.

지금 교회는 매우 중대한 위기를 맞고 있다. 코로나 19가 정치, 경제, 사회를 혼란스럽게 만든 것보다 교회를 더 당황하게 만들었다. 이제 5년 뒤의 교회가 어떻게 될 것인지 걱정하고 있다. 문제 해결의 원리는 어디나 동일하다. 이번에 목회컨설팅연구소 김성진 목사님이 적절한 때 《왜 교회 컨설팅인가?》라는 책을 냈다. 이 책은 먼저는 코로나 19를 극복하기 위해 꼭 필요한 진단 키트와 같이 교회 건강과 생명력을 진단하는 도구로서 최적으로 보인다.

새순교회 목회 36년의 경험에서 나는 목회자와 교회를 객관화하는 것이 얼마나 중요한 것인가를 늘 생각해 왔다. 이 책이 목회자와 교회가 회복되고 발전하기 위해 가지고 있는 문제를 극복하는 해답을 줄 것이라고 확신한다. 김성진 목사님은 건강한 목회자와 교회 세우는 생각을 하루도 하지 않은 날이 없는 사람이다.

사도 바울이 고린도후서 11장 28절에서 '이 이외의 일은 고사하고 아직도 날마다 내 속에 눌리는 일이 있으니 곧 모든 교회를 위하여 염려하는 것이라'고 하신 말씀은 김 목사님에게도 어울리는 말이다. 《왜 교회컨설팅인가?》라는 책은 늘 교회를 위한 염려 가운데 나왔다. 모든 목회자와 교회의 지도자들이 일독하여 자신과 교회 문제를 극복하기를 바란다.

2020년 6월 15일
대한예수교장로회 고신총회장
박영호 목사

추천의 글

변화란 시간상으로 연속선상에 있는 두 개의 지점 사이에 놓여 있는 상황, 사람, 조직, 관계 등에 존재하는 깨달음의 차이를 의미한다. 변화는 인류가 지구상에 나타난 이후로 지금까지 늘 함께 존재하고 있었으며, 변화 없이는 어떠한 생명체도 존재할 수 없기 때문에, 더 나은 지속 가능한 성장을 위한 노력이란 결국 변화에 대처해 나가는 과정이라고 할 수 있다.

교회 또한 예외가 아닐 것이다. 수많은 시간 동안에 정치·경제·사회·기술적 변화에 적응하여 오늘날에도 존재하고 있고, 목회자와 중직자들은 최근의 4차 산업혁명 시대의 기술적·사회적 그리고 그 밖의 복잡하고 빠른 속도의 변화로 인해 교회에 관한 의사결정을 내릴 때 예전에는 전혀 고려하지 않았던 정치·경제·사회·기술적 힘에 의해 영향을 받을 수밖에 없는 사실에 적잖이 당황하는 경우가 있다.

이 책의 저자인 김성진 소장님은 "교회의 존재 이유를 한 사회와 개개인의 삶에 변화를 주는 것이기에 존재가치와 존재 목적을 명확히 하고 그 존재 이유와 목적에 부합한 사역인지에 대한 평가와 분석은 필수적이다"라고 정의하고 있다.

교회의 존재 이유가 영혼을 그리스도에게로 인도하는 것이라면, 그 존재의 당위성과 본질을 역설하는 것으로 그치기보다 사명과 과업을 직시하고 시대의 대·내외적 환경변화에 대응하고 새롭게 조명하여 혁신을 이뤄가지 못한다면 교회 또한 지속적 생존이 가능하지 못할 것이다.

기업들은 지속 가능한 성장 및 생존을 위해 급격한 환경변화에 대응하기 위해 혁신을 위한 각고의 노력을 하고도, 그 결과에 따라 기업의 흥망성쇠가 결정되어지고 있다. 교회가 영적인 숭고한 역할을 하는 조직이라 하여 변화에 대응하는 결과를 도출하지 못한다면 기업과 같은 결과를 가져올 수밖에 없을 것이다.

컨설팅에 있어 기업의 변화를 이끌어 가는 사람들을 컨설턴트라

하는데 교회에서는 목회자들과 중직자들이 이러한 변화를 이끌어 가는 역할을 해야 할 것으로 보인다. 그러려면 목회자와 중직자들은 이러한 시대의 변화들을 읽어내고, 가치관, 고뇌와 갈등 등을 이해할 필요가 있다. 즉, 목회자와 중직자들은 시대적 변화가 요구하는 세상을 먼저 명확하게 인지하고 이해하는 것이 그 시작점이 아닐까 한다.

김성진 소장의 "교회의 사회적 책임(CSR) 활동을 통한 적합성이 교회 이미지에 미치는 연구(로고스경영영구 제18권 제1호, 2020. 3, PP. 37-56)" 결과를 보면, 물론 연구의 한계점을 인정한다 하여도 "교회 이미지에 가장 현저하게 인식된 자선적 활동요인에 대해 직분자(목회자 및 중직자)와 비직분자(일반 신자)"가 바라보는 시각에 차이가 있다고 나타난 것은 교회에 대한 시대적 변화 요구에 대한 인식의 차이로 볼 수 있어 시사하는 바가 무엇인지를 좀 더 생각해 볼 필요가 있다.

분명히 세속적인 접근방식과 교회가 추구하는 방식에는 차이가 존재한다. 그렇다면 이러한 현상에서 교회는 과연 무엇을 어떻게 해야 할 것인가? 하는 질문을 던진 김성진 소장님의 《왜 교회 컨설팅인가?》는 교회를 이끌어갈 다음 세대의 목회자와 중직자들에게 교회가 지속적 성장과 생존을 위해서 무엇을 해야 하는지에 대해 도움이 될 수 있을 것으로 기대된다.

2020년 6월 15일

한성대학교 지식서비스 & 컨설팅대학원장

유연우

머리말

올해는 연구소를 설립한 지 20년이 되는 해이다. 어느 누구도 예측할 수 없었고, 경험해보지 못한 Covid-19로 인해 혼란스럽고 모두가 고립된 상황이었지만 내게는 책을 집필할 수 있는 기회의 시간이 되었다. 20여 년간 사역에 임하며 맴도는 생각들, 두 손 쥐게 만든 결심들 그리고 실무적 사고를 글로 표현하는 몸부림이었다.

작은 가슴이지만 하나님께서 품게 하신 한국교회를 바라보며, 이제 전환점을 맞이했다는 나름의 분석으로 한국교회의 미래를 향한 대안을 제시하겠다는 포부가 생긴 것이다. 단숨에 세 권의 책을 써 내려갔다. 《미래 한국교회의 대안 시리즈-1, 2, 3》의 초고를 마치며, 쿰란의 이형규 장로님을 만나 부끄러운 줄 모르고 거친 글을 내보이며 교회를 향한 가슴을 열어보았다. '왜 교회 컨설팅인가?', '담임목사 청빙 이렇게 하라', '한국교회 지속 성장을 여는 교회의 사회적 책임(CSR).' 책 제목만으로 한국교회의 위기상황에 동감하며 출판에 적극적인 불을 지펴주신 장로님께 감사를 드린다.

대안 시리즈의 첫 번째로, 《왜 교회 컨설팅인가?》가 이제 나오게 되었다. 교회 컨설팅과 관련된 여러 책이 이미 나와 있지만, 이 책이 '교회 컨설팅'의 교과서가 되기를 바라는 마음과 이 책을 통해 이미 준비된 전문적인 '목회 컨설턴트'가 배출될 것이라는 확신을 갖고 있다.

이론만 역설하지 않았다. 가능한 다양한 임상 경험과 실제를 담기 위해 노력했다. 이를 위해, 한국교회의 내일을 위해 함께 걷고 있는 본 연구소의 동역자들에게 감사하지 않을 수 없다. 그리고 이 책을 진지하게 읽게 될 독자들에게 감사를 드리고 싶다. 마지막으로 실증분석을 위해 도움을 준 권병태 박사와 연구소를 사랑하며 함께 기도와 격려해주시는 이사장님과 이사님들 그리고 회원 목사님들과 후원하는 교회들에게 진심 어린 감사를 드린다. 이 책이 한국교회의 새로운 가능성을 여는 소중한 자산이 되기를 진심으로 바란다.

2020년 6월 15일

김성진 목사

차례

추천의 글 _ 안주훈(서울장신대학교 총장)_ 6
　　　　　신용대(하늘꿈교회 담임목사, 목회컨설팅연구소 이사장)_ 9
　　　　　김태윤(크리스천 병원을 선도하는 치과의사 / MSC 운영위원장)_ 12
　　　　　박영호(대한예수교장로회 고신총회장)_ 14
　　　　　유연우(한성대학교 지식서비스 & 컨설팅대학원장)_ 18

머리말_ 22

들어가면서_ 29

교회와 목회를 위한 21세기 시대 단상_ 33

1. 왜 교회와 목회자에게 컨설팅이 필요한가?_ 37

2. 교회 컨설팅이란 무엇인가?_ 50

　　1) 정의_ 50
　　2) 교회 컨설팅의 기본적 특징_ 53

3. 교회 컨설팅의 본질적 가치_ 57

　　1) 객관화하는 것이 교회 컨설팅의 본질이다_ 60

2) 구조화하는 것이 교회 컨설팅의 본질이다_ 72
3) 차별화하는 것이 교회 컨설팅의 본질이다_ 83
4) 체계화하는 것이 교회 컨설팅의 본질이다_ 94
5) 목회의 혁신역량을 강화하는 것이 교회 컨설팅의 본질이다_ 101
6) 사람을 세우는 것이 교회 컨설팅의 본질이다_ 108

4. 교회 컨설팅을 통해 얻을 수 있는 것은 무엇인가?_ 116

1) 교회 외부 기관을 통한 객관적인 전략 수립_ 116
2) 문제 진단과 분석, 그리고 대안 제시_ 117
3) 새로운 기회와 활용_ 118
4) 교회의 방향성 수립_ 119
5) 교회 내 역학관계로 인한 외부 전문가의 필요성_ 120
6) 변화와 학습효과_ 121

5. 절차의 공정성과 컨설팅의 구성요소_ 126

1) 절차 공정성_ 126
2) 컨설팅 구성요소_ 128

6. 목회 컨설턴트는 누구인가?_ 133

　　1) 목회 컨설턴트는 어떤 사역자인가?_ 133
　　2) 목회 컨설턴트에게 요구되는 사역 윤리_ 136
　　3) 컨설팅 프로젝트의 프로세스 이해_ 137
　　4) 컨설턴트의 역량_ 139
　　5) 전략적 사고_ 148
　　6) 교회 방향성을 이끈다_ 150

7. 목회전략 컨설팅_ 156

　　1) 목회전략이란?_ 156
　　2) 목회전략의 3가지_ 158
　　3) 핵심역량 강화_ 160

8. 교회 컨설팅의 영역_ 163

　　1) 목회자 컨설팅_ 167
　　2) 목회 컨설팅_ 168
　　3) 교회 개척 컨설팅_ 170

    4) 담임목사 청빙 컨설팅_ 172
    5) 전략적 교회 M&A 컨설팅_ 176
    6) 선교 컨설팅_ 180
    7) 교회 기능 컨설팅_ 181

9. 교회 컨설턴트의 핵심기술_ 184

    1) 질문 기술: 답은 그들이 알고 있다_ 184
    2) 단순화 기술: '심플하게, 위대하게'_ 199
    3) 혁신 기술: 교회의 본질을 깨운다_ 213

10. 교회 컨설팅의 기본 툴킷^{Toolkit}_ 221

나가면서_ 243

들어가면서

경영학의 대부인 피터 드러커는 "비영리단체들은 재무적 순이익이라는 목표가 없기 때문에 경영을 함부로 해도 되는 것이 아니라 더 잘해야만 한다"라고 말하면서, "비영리단체의 사명과 그 산출물은 분명하게 정의되어야 하고 지속적으로 평가되어야 한다"라고 하였다.[1] 교회는 비영리단체에 속한 기관(공동체)이기에 교회 운영에 있어서 아무렇게나 하거나 또는 평가를 생략해도 되는 것은 아니다.

교회의 존재 이유는 한 사회와 개개인의 삶에 변화를 주는 것이기에 존재 가치와 존재 목적을 명확히 하고, 그 존재 이유와 목적에 부

---

1) 피터 드러커/권영설, 전미옥 옮김, 《피터 드러커의 위대한 혁신》 (서울: 한국경제신문, 2007), p. 241.

합한 사역인지에 대한 평가와 분석은 필수라 하겠다. 더욱이 교회는 사회의 공적 공동체로서 중요한 역할을 감당하기에 더욱 그러하다. 교회의 존재 목적과 본연의 역할은 성실히 그리고 투명하게 관리되고 운영되어야 하며, 점검과 진단을 주기적으로 수행해야 한다.

더 나아가서 영구적인 교회의 존재 이유가 영혼을 그리스도에게로 인도하는 것이라면, 그 존재의 당위성과 본질을 역설하는 것으로 그치기보다는 사명과 과업을 직시해야 한다. 그리고 시대의 내적, 외적 환경 변화에 대응하고 새롭게 조명하여 혁신을 이뤄가는 교회가 되어야 한다. 이는 사명감에 헌신을 원하는 사람들의 갈망(수요의 변동)을 채울 것이다. 피터 드러커는 《위대한 혁신》에서 다음과 같이 언급하였다.

> "사명 뒤에는 반드시 결실이 있어야 한다. 만족할 만한 결실을 보고 우리의 노력이 헛되지 않았다는 보람을 느낄 수 있어야 한다. 그러므로 어떤 프로그램이나 프로젝트를 시행하기 전 생각해야 하는 것은 '그것들이 바람직한 결과를 초래할 것인가? 올바른 일을 통해 올바른 결과가 성취되고 있는가?'이다. 그리고 이러한 질문에 분명히 답할 수 있어야 하는 것이 지도

자의 의무이기도 하다."2)

그렇다. 담임목사와 중직자들의 의무는 지금 우리가 섬기고 있는 교회의 모든 사역들이 바람직한 결과를 만들고 있는지, 올바르게 사역을 하고 있는지, 마땅히 감당해야 할 사역을 하고 있는지, 지금 진행하고 있는 프로그램과 프로젝트는 올바른지, 그리고 그 결과는 성취되고 있는지 묻고 또 묻는 것이다. 이러한 것을 진단하고 분석하는 것이 바로, 교회 컨설팅이다.

---

2) *Ibid.*, p. 242.

교회와 목회를 위한 21세기 시대 단상

　　　　　　　진실에 도달하기 위해 모두가 아는 것을 무시할 때 우리는 새로운 시각을 갖게 된다. 새로움에 도전하기 위하여 "하나님을 따라 의와 진리의 거룩함으로 지으심을 받은 새 사람을 입으라"(엡 4:24)고 수없이 외치고 설교한다. 하지만 정작 교회는 새 옷을 입기 위해 옛사람을 벗어 버리지 못하고 있는 듯하다.

　새로움은 말과 생각과 구호口號만으로 추구되지 않는다. "구습을 따르는 옛사람을 벗어 버리는" 일이 선행되어야 한다. 모두가 교회의 위기를 말하면서 염려하고 있다. 그 염려의 원인이 무엇인지 수없이 논쟁해도 염려에 준하는 대안이 속 시원히 제시되지 못하는 실정이다.

　각자도생各自圖生을 도모하며 하나님께서 이루어 주실 것이라는 막

연한 기대감으로 하루하루 연명하고 있는 것은 아닌가. 물론 고민과 연구와 시도를 하며 나름으로 교회 성장과 바른 목회를 위해 애쓰고 헌신하고 있음을 너무도 잘 알고 있다. 그러나 헌신과 노력에 비하여 어떤 결과가 나타나지 않는다면 그것은 분명 방법이 잘못된 것일 수 있다. 더욱이 그 결과에 대한 피드백 없이 같은 방법을 지속하며 이루어질 것이라는 막연한 믿음으로 목회를 지속하고 있지 않은지 우려가 된다.

교회와 목회는 이 세대를 본받지 않아야 한다. 그러나 이 말씀은 세상을 멀리하거나 세상을 떠나야 함을 강조한 것이 아니다. 도리어 우리는 세상 가운데 오신 예수님처럼, 이 어둡고 황망한 세상으로 들어가 세상의 빛과 소금이 되어야만 하는 것이다. 이것이 성육신적인 신앙이요 목회이다. 세상을 하나님의 나라가 되게 하며, 그들로 하여금 하나님께로 돌아오게 하는 숭고한 역할을 감당해야 한다. 영적인 숭고한 역할을 감당하기 위하여 교회는 세상을 향하여 반드시 나아가야만 한다.

그런데 세상은 우리와 달리 영적으로만 사는 것이 아니다. 세상의 방식과 교회가 추구하는 방식은 접근이 전혀 다르다. 우리는 영적이다. 그러나 세상은 이성과 지성과 물리적인 것이 융합되어 있다. 이처럼 이원화된 상황에서 교회는 과연 무엇을 어떻게 해야 할 것인가?

우리는 주님께서 자신을 비우고 이 땅에 오신 것처럼(빌 2:6-7) 세상으로 가야 한다. 세상의 생각을 읽어내고 그들의 가치관을 이해하면서 그들의 고뇌와 갈등, 번민과 갈망을 이해하고 우리가 가진 것, 즉 위대한 성경적 가치를 지닌 채 그들에게로 다가가 그들의 삶을 포용해야 할 것이다. 그리하여 우리의 궁극적인 목적대로, 그들로 하여금 하나님의 사람이 되게 해야 할 것이다. 여기서 오해하지 않기를 바란다. 그들처럼 된다고 하는 것은 세속의 가치관이나 물질관을 따르라는 것이 아니다. 세상을 먼저 명확하게 인지하고 이해하는 것으로부터 교회의 새로움이 시작될 것이다.

한국교회가 위기에 당면한 여러 이유 중 가장 큰 하나는, 교회를 바라보는 관점이 목회자의 관점으로만 이끌어지기 때문이라고 생각한다. 세상이 교회를 바라보는 눈높이를 맞추어야 접촉점을 만들 수 있는데, 교회는 너무 구별하고 스스로 고립되어 세상을 감당하기 어려워졌다. 세속에 물든 사람들을 규정하고 별개의 사람들이 되어 버렸다. 그러나 실제로 우리가 살아가고 있는 삶의 터전은 세상이다.

교회는 세상의 관점으로, 더 나아가 청중(회중)의 관점으로 교회와 목회를 바라보는 새로운 프레임^{frame}으로의 변환이 필요하다. 이것이 컨설팅의 핵심적인 패러다임^{paradigm}이다.

프레임이란 무엇인가? 서울대학교 심리학과 최인철 교수는 그의 저서를 통해 프레임에 대한 철학적 정의를 내렸다. "사람의 지각과 생각은 항상 어떤 맥락, 어떤 관점 혹은 일련의 평가 기준이나 가정 하에서 일어난다. 그러한 맥락, 관점, 평가 기준, 가정을 프레임이라고 한다. 프레임은 우리가 지각하고 생각하는 과정을 선택적으로 제약하고, 궁극적으로는 지각과 생각의 결과를 결정한다."[3]

목사가 교회를 바라보는 프레임만으로는 마땅히 섬겨야 하고 다가서야 하는 세상을 객관적으로 바라볼 수 없다. 안경을 바꿔 써야 한다. 그렇지 않으면 교회 울타리 안에서만 인정되고 존재하는 교회가 될 뿐이다.

---

3) 최인철, 《프레임》 (경기 파주: 21세기북스, 2017), p. 27.

1.
왜 교회와 목회자에게 컨설팅이 필요한가?

하나님께서는 우리를 통해 일하신다. 더 정확하게 말하면, 우리의 계획을 통하여 역사하신다. "마음의 경영은 사람에게 있어도 말의 응답은 여호와께로부터 나오느니라"(잠 16:1), "너의 행사를 여호와께 맡기라 그리하면 네가 경영하는 것이 이루어지리라"(잠 16:3) 하셨다. 우리에게 맡겨 주신 교회를 잘 관리하고 경영해야 한다.

"부지런한 자의 경영은 풍부함에 이를 것이나 조급한 자는 궁핍함에 이를 따름이니라"(잠 21:5).

부지런함이란 분주함과 완전히 다르다. 동분서주東奔西走하는, 계획과 우선순위가 없는 바쁨과 열심은 본질과 거리가 매우 먼 것들이 많다. 요즈음 한국교회의 모습과 같다. 무엇인가에 분주하지만, 정녕 교회와 목회의 본질에 얼마나 충실하여 경영하는지를 되묻게 된다. "부지런하여 게으르지 말고 열심을 품고 주를 섬기라"(롬 12:11)고 하셨다. 부지런함은 본질에 집중하며, 우선순위가 정해져 있고, 결코 요란하지 않으며, 질서 있는 사역과 움직임을 갖는 것을 말한다.

부지런하게 교회를 섬겨야 한다. 교회는 성장해야만 한다. 지속적인 성장을 이루어 이 땅에 복음이 온전할 때까지, 온 세상이 주의 나라가 되기까지 복음은 확장되어야 하고, 교회는 성장해야 한다.

> "잉태하지 못하며 출산하지 못한 너는 노래할지어다 산고를 겪지 못한 너는 외쳐 노래할지어다 이는 홀로 된 여인의 자식이 남편 있는 자의 자식보다 많음이라 여호와께서 말씀하셨느니라 네 장막터를 넓히며 네 처소의 휘장을 아끼지 말고 널리 펴되 너의 줄을 길게 하며 너의 말뚝을 견고히 할지어다 이는 네가 좌우로 퍼지며 네 자손은 열방을 얻으며 황폐한 성읍들을 사람 살 곳이 되게 할 것임이라"(사 54:1-3).

지역을 덮고 있는 악한 영들을 타파하기 위해 교회는 영적인 싸움을 지속해야 한다. 영적 전투에서 승리해야 한다. 그러기 위해서는 우리가 점령해야 할 가나안 땅을 알아야 한다. 모세는 믿음이 부족하기에 정탐꾼들을 모아 가나안을 다녀오게 한 것이 아니다. 우리가 정복할 그 땅을 알고 그에 상응하는 준비로 가나안에 들어가기 위함이었다. 교회를 컨설팅하는 사역은 믿음을 더욱 강화시키는 역할을 한다. 여호수아와 갈렙은 가나안을 분석하고 평가했다.

"갈렙이 모세 앞에서 백성을 조용하게 하고 이르되 우리가 곧 올라가서 그 땅을 취하자 능히 이기리라"(민 13:30).

그런데 기억할 것이 있다. 바로 모세가 정탐꾼들에게 지시한 내용이다.

"그 땅이 어떠한지 정탐하라 곧 그 땅 거민이 강한지 약한지 많은지 적은지와 그들이 사는 땅이 좋은지 나쁜지와 사는 성읍이 진영인지 산성인지와 토지가 비옥한지 메마른지 나무가 있는지 없는지를 탐지하라 담대하라 또 그 땅의 실과를 가져오라 하니 그때는 포도가 처음 익을 즈음이었더라"(민 13:18-20).

교회 컨설팅의 성경적 근거를 대라고 한다면, 나는 이 말씀을 묵

상하며 한국교회에 적용하게 된다. 믿음을 실행함에는 지혜가 필요하다.

"경영은 의논함으로 성취하나니 지략을 베풀고 전쟁할지니라"(잠 20:18).

여기서 지략은 '전략', 다른 말로 '지혜'를 말한다. 전략이다. 가나안으로 들어가기 전, 교회 사역을 펼치기 전, 우리가 전도할 그 지역에 대하여 충분히 파악하고 분석하고 연구하는 것은 믿음이 없는 발로가 결코 아니다. 인간이 믿음으로 행하는 믿음의 행동 중 하나이다.

물론 교회는 비영리단체로 일반적인 기업의 경영 컨설팅과는 분명히 다르다. 그러나 영리이든 비영리이든 사람들이 모여 조직을 이루고 그 단체가 추구하는 목적과 가치를 실현하고 공통의 목표를 이루기 위해 활동하고 사역한다는 측면에서는 동일하다. 아울러 법인으로 태동할 경우에는 더욱이 법인체로서 기능을 다하기 때문에 영리법인과는 궁극적 목적의 차이 외에는 대동소이하다.

사단법인과 비사단법인의 차이는 법인등기를 하였다는 차이일 뿐 그 실체는 동일하다. 한국의 판례는 일찍부터 교회(개신교)의 법적 성격을 비법인사단非法人社團으로 보고 있다. 즉, '대법원 1957.12.13. 선고 4289 민상 182 판결', '대법원 1960.02.25. 4292 민상 467 판결' 등은 교회의 비법인 사단성을 인정하였으며, '대법원 1962.07.12. 62다133 판결'은 "원고 신창교회는 대한기독교 장로회의 소속교회로서 대한기독교 장로회 헌법의 규율을 받은 신도 50여 명 정도와 제직 10명 정도를 가지고 있는 목사를 제직회장으로 하고 있으므로 이는 민사소송법 제48조에서 말하는 대표자가 있는 법인이 아닌 사단에 해당한다 할 것이다"라고 판시하여 이를 명확히 하였다.[4]

더욱이 목회자의 경우, 퍼스널 컨설팅personal consulting이 이루어져야 한다. 그 이유는 담임목사는 교회 대표자로서의 법적 지위를 갖기 때문이다(민법 제35조).

그렇다면 경영 컨설팅이란 무엇이며, 왜 기업들은 컨설팅을 수행하는가?

---

4) 추일엽, "서헌제 목회자의 법적 지위", 《교회와 법》 (2014. 3), p. 129.

● **교회 마케팅**

처음부터 접근방식을 혁신적으로 시작하려고 한다. 교회는 마케팅이 요구된다. 사도 바울이 교회를 세운 사역을 잘 살펴볼 필요가 있다. 우선 고린도로 간 사역 수행을 성경에서 살펴보자.

"생업이 같으므로 함께 살며 일을 하니 그 생업은 천막을 만드는 것이더라 안식일마다 바울이 회당에서 강론하고 유대인과 헬라인을 권면하니라"(행 18:3-4).

한 걸음 나아가 "바울이 그중 일부는 사두개인이요 다른 일부는 바리새인인 줄 알고 공회에서 외쳐 이르되 여러분 형제들아 나는 바리새인이요 또 바리새인의 아들이라 죽은 자의 소망 곧 부활로 말미암아 내가 심문을 받노라"(행 23:6)고 기록하고 있다.

사도 바울은 전도 대상자에 따라 다가서는 전략이 달랐다. 이것을 나는 지혜요 전략이요 마케팅이라고 말하고자 한다. 대상을 파악하고 그들에게 다가설 수 있는 최상의 방법을 모색하는 것이 바로 마케팅이기에 그렇다. '전략'이라고 하는 것은 지혜롭게 한다는 또 다른 말이다.

《교회마케팅 101》을 쓴 리차드 라이징은 "이 책의 목적은 영향력 있는 사람들(목회자, 장로, 사역자, 지도자, 각 분야의 협력자들)을 도와서 사람들이 진정으로 그리스도를 만날 수 있는 교회로 만들어 화해시키는 사역(고후 5:19)을 감당하게 하는 것이다"라고 하였다.

그리고 이어서 "대부분의 교회가 마케팅에 실패하는 이유는 마케팅이 교회생활의 모든 영역에 관련된다는 사실을 놓치고 있기 때문이다. 그런 교회들은 마케팅이 그저 전단지를 보내는 일과 같은 것이라고 생각한다. 그러나 실제로는 그보다 훨씬 대단한 일이다. 진정한 마케팅은 정말 광범위한 개념이어서 '우리 교회는 전혀 마케팅을 안 한다'라고 말하는 교회도 사실은 마케팅을 하면서도 깨닫지 못하고 있을 뿐이다. 그런 교회는 마케팅을 잘못하고 있는 경우가 대부분이다. 마케팅을 하지 않는 교회는 이 세상에 하나도 없다. 잘하는 교회와 그렇지 못한 교회가 있을 뿐이다. 궁극적으로 마케팅의 핵심은 어떤 존재에 사람들을 연결시키는 것이다. 그런데 그리스도의 몸인 교회와 그리스도 그분보다 시간과 돈과 노력을 기울일 만한 가치가 있는 존재는 없다"라고 하였다.[5]

---

5) 리차드 라이징/오수현 옮김, 《교회마케팅 101》 (인천 부평: 올리브북스, 2007), pp. 20-21.

마케팅의 목적은 사람들을 교회와 관계 맺도록 돕고, 교회가 미래를 향해 나아가며, 지역사회 속으로 들어가 하나님께 영광 돌리도록 하는 데 있다. 마케팅의 영역은 목회의 방향성(교회 방향성은 지역과 교인들의 욕구와 일치해야 한다), 교회광고, 인테리어, 안내판, 새가족 관리방법, 전도방안, 전도용품(전도용품도 대상자들에 따라 달라진다), 교회 이름, 교회 위치, 건물 건축, 커뮤니케이션 등 그 외 교회의 모든 활동과 사역을 다 포함한다.

"내가 모든 사람에게서 자유로우나 스스로 모든 사람에게 종이 된 것은 더 많은 사람을 얻고자 함이라 유대인들에게 내가 유대인과 같이 된 것은 유대인들을 얻고자 함이요 율법 아래에 있는 자들에게는 내가 율법 아래에 있지 아니하나 율법 아래에 있는 자같이 된 것은 율법 아래에 있는 자들을 얻고자 함이요 율법 없는 자에게는 내가 하나님께는 율법 없는 자가 아니요 도리어 그리스도의 율법 아래에 있는 자이나 율법 없는 자와 같이 된 것은 율법 없는 자들을 얻고자 함이라 약한 자들에게 내가 약한 자와 같이 된 것은 약한 자들을 얻고자 함이요 내가 여러 사람에게 여러 모습이 된 것은 아무쪼록 몇 사람이라도 구원하고자 함이니 내가 복음을 위하여 모든 것을 행함은 복음에 참여하고자 함이라"(고전 9:19-23).

마케팅의 기초는 그 지역민들과 교회 구성원들이 된다. 그들에게 다가설 사역을 찾기 위해 마케팅은 필요한 것이다. 마케팅은 미래로 가는 다리를 놓는 사역이며, 교회 컨설팅은 교회 마케팅을 완성하는 프로세스라고 할 수 있다. 교회의 현재 상황을 '분석'하고, 그 내용을 토대로 하여 '미래 방향성'을 찾으며, 그 지역에 '바로 그 교회'가 되게 하는 일련의 수행방법[6]인 마케팅은 교회의 미래를 연결하는 다리와 같다. 교회 컨설팅은 지역과 소통하는 도구이며, 교인들의 소리를 듣는 도구가 된다.

리차드 라이징은 《교회마케팅 101》에서 마케팅의 행동목록을 다음과 같이 구체적으로 제시하였다.[7]

- 교회 성장률을 계산하는 데 필요한 자료를 수집하고 정기적으로 분석하라.
- 지역의 인구통계자료를 파악하고 이해하라. 그리고 최소한 1년마다 새로운 자료를 수집하라.
- 리더십 팀으로서, 교회 밖에서 개인적인 전도에 헌신하라.

---

6) 구체적인 수행방법은, 김성진, 《바로 그 교회》(서울: 쿰란출판사, 2015)를 참조하라.
7) 리차드 라이징/오수현 옮김, 《교회마케팅 101》 (인천 부평: 올리브북스, 2007), pp. 292-293.

- 리더십 팀으로서, 불신자와 함께 시간을 보내는 일에 헌신하라. 특히 전도 대상자들과 시간을 보내라.

- 새신자를 관찰하라. 새신자가 방문 카드나 설문조사에 기록한 것보다 그들의 표정과 반응에서 더 많은 정보를 얻을 수 있다.

- 전도대상자에게 말하는 방법, 그리고 "2층 좌석에 앉은 사람들", "1층 좌석에 앉은 사람들", "운동장에서 뛰는 사람들"에게 설교하는 목회 방식을 구상하라.

- 잘 연결되고 있는 부분과 그렇지 못한 부분을 논의하고, 각기 다른 영적인 수준에 있는 사람들에게 더 잘 다가갈 수 있는 방법을 토론하기 위해 한 달에 한 번(일주일에 한 번씩 할 수 없다면) 모임을 가지라.

- 영적으로 은혜를 받은 사람들에게 지도자와 봉사자로 사역하는 구체적인 목표를 갖게 하라.

- 제3자의 시각으로 평가 받을 수 있도록 전문가의 도움을 받으라.

- 수평적 성장(교회를 옮겨오는 성도들)보다는 수직적 성장(불신자를 전도하는 것)에 헌신하라.

- 사람들을 복음 밖으로 밀어내는 요소를 제거하라.

- 어떤 교회가 되도록 부르심 받았는지, 그리고 교회가 전도해야 할 대상이 누구인지를 알라.

그는 이어서 교회 마케팅의 핵심요소 중 하나를 교회 브랜드^{brand}로 보고 있다. 나는 이것을 교회 이미지 혹은 교회 방향성이라고 규정한다. 다음은 브랜드의 중요성을 강조하기 위해 그가 제시한 구체적인 행동목록이다.[8]

- 리더십 팀으로서, 교회의 정체성을 분명히 하라.
- 교회의 브랜드가 이 지역의 구체적인 전도 대상자들에게 공감을 얻고 있는지 파악하라 – 제3자인 전문가의 조언을 들으라.
- 온전한 비전에 대한 그림을 그리라. 그 비전을 이루기 위해 필요한 것을 상세히 기록하라. 그리고 그 비전을 직원, 봉사자들, 교인들, 새신자에게 맞춰서 기록하라.
- 교회로서 열심히 섬기고 있는 핵심적인 사람들 혹은 주민들의 목록을 기록하라. 너무 포괄적이면 안 된다. 이 목록은 교회로서의 특징을 나타내야 한다.
- 정의된 교회 브랜드에 따라 커뮤니케이션을 하고, 일을 추진하라.
- 비전과 브랜드를 설명하기 위해 비전을 기록한 문서(브로셔)와 이를 지지해 주는 대중매체를 확보하라.
- 브랜드라는 필터를 통해 대중의 인식을 만들어가는 결정을 내

---

8) *Ibid.*, pp. 296–297.

리라.

- 브랜드를 표현할 수 있는 디자인을 개발하라. 마케팅 전문가의 도움을 받아 방향을 설정하고, 상황에 정확하게 맞는지를 확인하라.

- 새신자를 위한 환영물품을 준비하되 교회에 대한 소개와 교회가 제공할 수 있는 프로그램을 내용으로 하고, 새신자가 교회에 적응하고 성장할 수 있는 방법에 대한 '영적인 지도'를 함께 제공하라.

- 일주일에 한 번씩, 교회가 제공할 수 있는 프로그램과 교회와 관련을 맺고 성장할 수 있는 방법에 대해 강단에서 설교하라.

- 디자인 스타일을 일관성 있게 사용하라. 브랜드를 중심으로 그래픽 디자인에 대한 지침서를 마련하고 브랜드를 강화하라.

- 분기별로 할 수 없다면, 6개월마다 브랜드 경영에 대한 모임을 가지라. 교회로서 어떻게 커뮤니케이션 하고 있는지, 그리고 성도들과 지역사회 주민들이 (1) 교회의 정체성 (2) 교회의 목적 (3) 교회와 함께 그들이 성장하기 위한 단계에 대해 잘 이해하고 있는지를 토론하라.

- 봉사자 비율과 영적 성장을 위한 수업 참여도에 대한 통계를 내라. 그 추이를 기록하고(매달 할 수 없다면) 분기별로 모임을 가지라.

- 교회 내에서 영적인 성장에 대한 단계에 대해 주일마다 성도들에게 설명하라. 인내가 필요한 도전 과제를 지속적으로 제시하라.
- 일관성을 가지라.

2. 교회 컨설팅이란 무엇인가?

교회 컨설팅의 정의를 내리기 전에 경영 컨설팅은 무엇이며, 어떻게 수행되는지에 대해 아는 것이 필요하다. 경영 컨설팅에 대한 정의는 매우 다양하다. 높은 전문지식과 경험을 쌓은 경영 컨설턴트에 의해, 기업의 창업 또는 기업 경영과 관련된 전문적인 서비스를 제공하는 것인데, 다음과 같은 정의를 통해 경영 컨설팅이 무엇인지 더욱 그 이해를 높일 수 있다.

1) 정의

(1) **국제노동기구**(ILO, International Labour Organization)**의 정의**

국제노동기구는 컨설팅을 '조직의 목적을 달성하는 데 있어서 경영, 업무상의 문제점들을 해결하고 새로운 기회를 발견, 포착하여 학습을 촉진하며 변화를 실현하는 관리자와 조직을 지원하는 독립적인 전문 자문 서비스로 규정하고 있다.

(2) 미국 공인회계사회의 정의

특별한 분야의 전문성을 가진 전문가들이 자신들의 지식과 경험을 활용해 경영 문제를 해결하고, 객관적이고 전반적인 시각에서 기업의 기획과정을 지원하는 것이다.

(3) 영국 경영컨설턴트협회의 정의

독립적이고 능력을 갖춘 사람들이 정책, 조직, 절차, 방법상의 문제점들을 연구, 분석하고 적절한 해결책을 제시하며, 나아가 이러한 해결책을 수행할 수 있도록 돕는 것이다.

(4) Larry & Robert Metzger의 정의

경영 컨설팅이란, '특별한 훈련을 통해 일정한 자격을 갖춘 사람들이 고객과의 계약에 따라 독립적이고 객관적인 태도로 고객 조직이 경영상의 문제점들을 확인, 분석하는 것을 지원하고, 이러한 문제들에 대한 해결안을 고객에게 추천하는 것이다. 또한 고객이 이러한 해결안의 실행에 대해 지원을 요청했을 때 지원을 제공하는 어드바

이스 서비스'라고 정의한다.

이러한 컨설팅의 정의를 통해, 목회 컨설팅을 정의하면 다음과 같다.

(5) **목회컨설팅연구소**(MSC, Institute of Ministry Strategy Consulting)**의 정의**

목회 컨설팅이란, '목회의 경험과 신학적 배경을 갖고 컨설팅 전문 영역의 교육과 훈련을 통해 컨설팅을 수행할 자격을 갖춘 목회자가 목회자와 교회의 요구에 따라 객관적인 태도로 교회가 직면하고 있는 다양한 문제와 방향을 진단, 분석하고 그에 대한 성경적 대안을 제시하여 교회와 목회자들이 자신의 목회현장에 적용할 수 있도록 해결책을 제시하며, 그 제안한 방향대로 지원을 요청할 때 지원을 제공하는 어드바이스^{advice} 서비스'라고 정의할 수 있다.

그러므로 컨설팅은 어떤 과정을 수행할 때 경영상의 책임을 지는 것이 아니라 도움을 주는 일련의 섬김과 협력 사역이 된다. 문제와 방향에 대한 대안을 제시하고, 그것을 수행할 수 있도록 협력하는 것이다. 제시된 대안과 해결책을 수용하거나 수용하지 않는 것은 전적으로 컨설팅을 의뢰한 교회와 목회자의 결정사항이다.

2) 교회 컨설팅의 기본적 특징

(1) 전문 서비스

목회 컨설팅은 교회 개척, 교회 성장, 교회 혁신, 그리고 교회의 성장곡선에 따른 변화에 능동적으로 대처할 수 있도록 이와 관련된 전문적인 지식과 기술을 제공하여 성공적인 교회 경영과 목회가 되도록 지원하는 역할을 한다. 아울러 목회 컨설턴트의 축적된 학습 역량과 경험을 바탕으로, 직면하고 있는 문제의 원인을 보다 객관적이고 과학적으로 진단한다. 그리고 검증된 분석 도구를 통해 분석하여 그에 대한 대안을 제시하는 전문적인 서비스이다.

(2) 자문 서비스

교회 컨설팅은 전적으로 자문역할일 뿐, 보고서를 통해 제시한 사역을 직접 수행하는 것이 아니다. 객관적이고 이성적인 사역이 되도록 자문을 하는 서비스이므로 담임목사와 당회를 대신하여 교회 사역을 위임받거나 의사결정을 하지 않는다. 컨설팅 보고서의 내용은 전적으로 하나의 대안이지, 의사결정을 위한 최종 심의안이 되지 않는다. 그에 대한 구속력이나 책임이 없다. 컨설턴트는 시행결과에 대한 책임은 없지만, 수행결과의 품질과 완전성, 그리고 적합성에 만전을 기해야 한다.

(3) 독립 서비스

컨설팅에서 제안된 대안들은 의뢰인이나 이해관계 당사자로부터 주체적이고 독립적으로 수행되어야만 한다. 어떤 특별한 목적을 갖고 의도적인 편향성을 갖고 대안을 제시해서는 안 된다. 그러므로 컨설턴트는 컨설팅을 수행하는 과정에서 정치적, 정서적, 감정적, 재정적 부분에서 구속받지 않는다.

(4) 일시적 서비스

컨설팅이 진행되는 일정 기간, 계약에 의거하여 상주하거나 방문하여 수행하는 프로젝트이다. 컨설팅 보고서를 제출한 후 별도의 자문역할을 하게 되는 경우라도 보고서를 제출함으로 컨설팅 프로젝트는 종료된다.

이와 같은 서비스로 수행하는 것이 컨설팅의 기본적인 특성이다. 이를 바탕으로 본 연구소(MSC)에서는 위의 4가지 서비스를 함의하여 제안서를 제출하고, 계약 후 협의한 한시적인 기간 동안 구체적인 컨설팅 프로젝트를 진행하고 최종 보고서를 제출하는 것까지 수행하고 있다.

실패한 교회 마케팅 ⑴

1928년 코카콜라^{Coca-Cola}가 중국에서 판매를 시작할 때 처음에는 'Ko-Ka-Ko-La'라는 이름을 사용하려고 했다. 그러나 그 이름을 중국어로 하면 '밀랍 올챙이를 삼키다', 지방 사투리로 하면 '왁스로 가득 채운 말^{Horse}'이라는 뜻으로 번역된다는 것을 뒤늦게 알았다.

클레롤^{Clairol}(염색약 회사)은 독일에서 'Mist Stick'이라는 이름으로 헤어아이롱을 소개하려고 했다. 그러나 'Mist'(영어로는 '안개'라는 뜻)가 독일어로는 '배설물'의 속어임을 알게 되었다.

이와 같은 일은 그 나라의 언어, 생각, 생활양식, 문화에 대한 얄팍한 지식만으로 그 나라 사람들에게 접근하려고 할 때 일어나는 문제를 다루고 있다. 교회도 이와 다르지 않다. 교회도 불신자들이 이해할 수 있는 적당한 용어로 바꾸어 설명하지 못하는 경우가 있다.

-《교회마케팅 101》발췌

3.
교회 컨설팅의 본질적 가치

    컨설팅의 가치는 '이론과 실제'의 균형감각에 있다. '이론'을 단순한 지식 또는 정보의 수준으로만 이해한다면 '컨설팅 제안서'의 깊이를 가늠할 수 없을 것이다. 아울러 '사역의 실제'를 목회 경험의 바탕으로만 이해한다면, 오늘날과 같은 다변화의 목회적 시대 환경 속에서 '교회 컨설팅'이 유일한 대안이 될 수 있다고 말할 수 없을 것이다. 컨설팅은 컨설팅 도구(Method/Matrix)의 활용에 국한하지 않는다.

    교회 컨설팅은 시대를 읽고 시대를 반영하며, 급변하는 목회 환경과 지역의 변화에 능동적으로 대처할 수 있는 '바로 그 교회'만의 사역의 방향성을 제시해야 한다. 또한 사역의 독특성을 형성하여 이론의 근거를 대고 실천방안을 제안해야만 한다.

컨설팅의 본질은 첫째, 주관적 관점에서 벗어나 최대한 **객관화**를 통해 모든 사역을 수치화하는 것이다.

둘째, 한국교회의 전통적 구조에 매여 고착되지 않도록 객관화된 초석 위에 그 교회만의 **구조화**를 도모하는 것이다.

셋째, **차별화**이다. 교회가 세워진 그 지역과 인근 지역에는 이미 경쟁 아닌 경쟁을 해야 하는 많은 교회가 존재하고 있다. 교회는 엄밀히 말하자면 지역 교회이다. 각 지체가 한 몸을 이루는 것처럼 지역의 교회들도 지역 내에서 하나의 지체의식을 가져야 한다. 한국교회는 이제 개 교회론에서 지역 교회론으로 변화되어야 할 시점에 와 있다. 한 지역의 각 교회들이 서로 유사한 목회사역을 지속한다면, 교회 존립 자체까지 어려워지는 것이 현실이기에 차별화는 중요하다.

넷째, 교회 사역이 체계적으로 관리되고 진행되도록 배열하고 프로세스를 만드는 **체계화**이다.

다섯째, 컨설팅의 본질은 앞에서도 언급한 것처럼 **혁신화**이다. 현 상황을 혁신하여 하나님께서 원하시는 바로 그 교회, 그 지역의 바로 그 교회가 되도록 변화를 제시하고 실행을 제시하여 돕는 것이다.

마지막으로, 컨설팅의 본질은 사람을 세우는 **동기부여(동기화)로 사람을 세우는 일**이다. 교회는 하나님의 영광을 위하여 하나님께서 불러내신 사람들이 모이는 공동체이다. 결국은 사람이다. 사람을 위한 지속적인 동기화가 중요하다.

교회 컨설팅을 통해 아무리 정밀한 자료를 토대로 객관화를 도모하였다 하더라도, 그 교회만의 구조화를 이뤘다 하더라도, 주변 교회와 확실한 차별화를 이루어 전도 대상자부터 중직자까지 체계적으로 관리한다 하더라도, 날마다 새로운 사역을 추진해서 혁신화를 도모한다 하더라도, 양을 먹이지 못하고 각 사람을 하나님의 사람으로 온전하게 세우지 못한다면 목회사역의 본질적인 의미는 잃게 되는 것이다.

교회의 중요한 사역 중 하나는 "우리가 그를 전파하여 각 사람을 권하고 모든 지혜로 각 사람을 가르침은 각 사람을 그리스도 안에서 완전한 자로 세우려 함이니"(골 1:28)이다. 이렇게 각 사람을 온전하게 세움은 "이는 성도를 온전하게 하여 봉사의 일을 하게 하며 그리스도의 몸을 세우려 하심이라"(엡 4:12)고 했다. 결국 교회를 세우기 위해 하나님의 사람들을 세우는 것이다.

교회는 기업과 완전히 다르다. 교회는 하나님의 사람을 온전하게 세워 그리스도의 몸을 세움으로 하나님께 영광을 돌리는 영적인 공동체로, 하나님의 사람들을 세우기 위한 동기화가 지속되어야 한다. 이러한 일련의 본질적 사역들이 이루어지도록 사역하는 것이 교회와 목회 컨설팅이다.

교회 컨설팅의 본질(6)			
1	객관화	4	체계화
2	구조화	5	혁신화
3	차별화	6	사람을 세우는 동기화

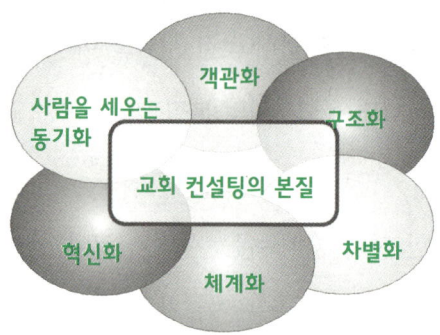

1) 객관화하는 것이 교회 컨설팅의 본질이다

객관화란, 제3자의 눈으로 바라보게 하는 것이다. 비록 교회 소속의 자체 컨설팅 팀을 갖고 있다 하더라도 객관화의 본질에서 벗어날 수 있는 한계를 지니고 있다. 교회 스스로 도모하는 객관화를 '자기 객관화'라 부르기도 하지만, 자기 객관화란 근원적으로 어렵다. 자아 성찰 없이는 자신을 있는 그대로 볼 수 없기에 보다 냉철하고 엄격한 기준에서 자신을 바라볼 수 있는 계기, 도구가 필요하다.

　로마 시대의 정치인 율리우스 카이사르(BC 100~BC 44)는 자신의 현실을 냉정하게 분석하고 앞날을 도모했던 사람인데, 그다운 유명한 말을 남겼다. "누구나 현실을 볼 수 있는 것은 아니다. 대부분의 사람은 자신이 보고 싶은 현실만 본다." 이것은 자신의 좋은 점만 보고 싶은 보통 사람들에게 자신을 객관적으로 볼 줄 알아야 한다는 것을 시사한다. 자신을 객관적으로 보지 못하면 지금 나에게 가장 필요한 것이 무엇인지, 무엇이 부족해서 일이 잘 안 되는 건지, 어떻게 보완해야 할지 알 수 없게 된다.

　이와 같이, 자신이 섬기는 교회를 객관적으로 바라봄으로써 교회의 현재 상황을 정확하게 이해할 수 있다. 통상 객관화는 수치화하는데 그 수치는 도형화를 거쳐 분석이 이루어진다. 지금의 시대를 빅데이터$^{\text{big data}}$ 시대라고 하지 않는가.

> 빅데이터란, 기존 데이터베이스 관리 도구의 능력을 넘어서는 대량(수십 테라바이트)의 정형 또는 심지어 데이터베이스 형태가 아닌 비정형의 데이터 집합조차 포함한 데이터로부터 가치를 추출하고 결과를 분석하는 기술이다. - Wikipedia 위키백과

일반적으로, 빅데이터의 기초단위인 데이터는 의미 있는 수치나 문자, 기호를 뜻한다. 기존의 빅데이터에 관한 사전적 정의는 단순히 데이터의 양이 많은 것을 의미하였다. 하지만 최근 빅데이터 정의의 범주가 확장되어, 기존에 대용량의 정형화된 데이터를 뜻하는 정의뿐만 아니라 비정형화된 일상의 정보들까지 포함하는 거대한 데이터의 집합을 의미한다. 비정형화된 데이터는 가공되지 않고 표준화되지 않은 일상 언어나 대화와 같은 정보를 의미한다. 그 예로, 카카오톡을 통해 사진을 주고받는 사례와 페이스북 담벼락에 글을 업로드(upload)하는 등 자신의 일상생활 기록들을 들 수 있다.

이러한 비정형화된 일상적인 데이터들은 가공되지는 않았지만, 빅데이터 시대에서는 충분히 활용 가능한 가치를 지닌다. 소비자 요구 분석, 마케팅 기법을 위한 반응 추이 등의 분석에 일상 정보를 이용한다면, 이전에 활용성이 없어 보였던 비정형화된 일상의 정보들도 충분한 가치를 갖게 된다. 빅데이터 시대에 교회는 존재한다.

2020년 한국사회에 충격을 준 '코로나 19'가 극에 달할 때, 한국기독교목회자협의회와 한국기독교언론포럼이 목회데이터연구소를 통해 조사한 "코로나바이러스 감염증-19 관련 개신교인 대상 여론조

사 결과 보고서"를 발표하였는데, 내용은 다음과 같다.[9]

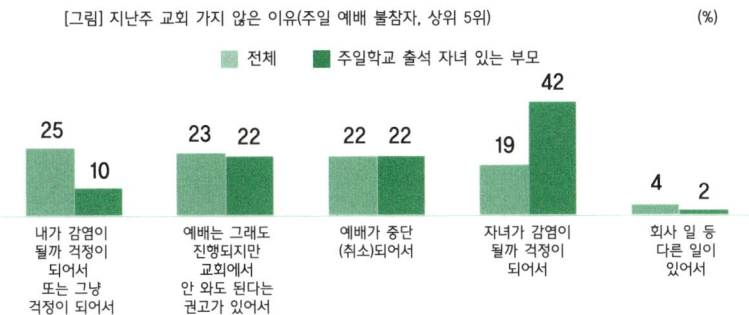

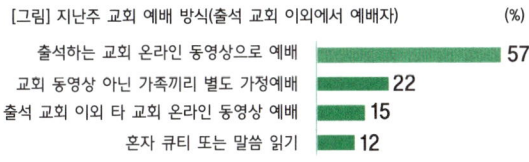

[표] 출석 교회 온라인 동영상 예배 드린 비율(계층별)   (%)

성별	예배 드렸다	교회 규모	예배 드렸다
남성	47	100명 이하	40
여성	66	100-299명	30
		300-999명	57
		1,000명 이상	71

9) 출처: 에큐메니안. http://www.ecumenian.com/news/articleView.html?idxno=199780
정훈, typology@naver.com

이처럼 교회는 객관적인 수치화 작업을 해야 한다. 그것을 근거로 문제를 해결해 가는 것이다.

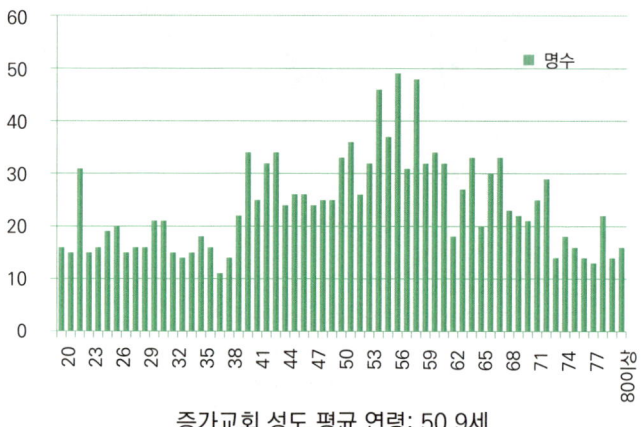

교인 연령별 분석

증가교회 성도 평균 연령: 50.9세

[출처]: 증가교회 컨설팅 보고서, 목회컨설팅연구소_교회 자체 분석자료

객관화를 가장 선명하게 입증하는 것은 상기 도표와 같은 수량화이다. 수량화는 객관화의 가장 기본이며, 모든 분석의 표본이다. 분석에는 '정량적 분석'과 '정성적 분석'이 있다. 교회는 대다수 정성적 분석을 한다. 예를 들면 다음과 같다. "얼마나 은혜로운가?", "설교는 어때?", "분위기 좋은 예배이지?", "우리 교회는 어때?"와 같은 질문은 정성적 분석을 위한 질문이다. 정성 분석의 한계는 질문할

당시 사람의 상태에 따라 결과가 충분히 달라질 수 있기에 온전한 객관화가 어렵다.

컨설팅 강의를 하며 수시로 듣는 질문 중 하나는 '영적 성숙'과 '교회의 성숙'을 어떻게 수치로 평가하는가이다. 영적 성숙은 그 열매를 보면 안다고 하셨다. 삶에 나타난 열매가 무엇인지, 그 열매가 얼마나 큰지, 얼마나 타인에게 유익한지를 보면 알 수 있다.

그렇다면 신앙의 성숙을 가늠하는 지표는 무엇이 될 수 있겠는가. 나는 다시 반문한다. 감사의 빈도수, 전도의 열매수, 소그룹 모임에 참여하는 빈도수, 기쁨과 헌신으로 사역에 참여하는 빈도수 등은 충분히 백분율로 수치화할 수 있다.

더욱이 공동체가 성숙하고 성장하기 위해서는 수량화(계량화)를 반드시 해야 한다. 그 한 예로 역사가 오래된 중형교회를 컨설팅하였는데 인근에 유사한 규모의 교회들이 있었다. 주변 교회와의 객관적 비교자료를 보고서를 통해 제출하였고, 그 내용은 다음의 도표를 통해 볼 수 있다. 이것이 수치화된 객관화인 것이다.

Mc Kinsey/GE Matrix 인용(전환)

경쟁포지션	가중치	A장로교	B성결교	C감리교	○○교회
교회인지도	20	20	15	15	15
성장역량	20	20	15	10	10
성숙 정도	15	15	10	10	15
사역차별성	15	10	10	10	15
접근용이성	10	10	5	5	5
경쟁력	10	10	5	5	5
소속감	5	5	3	3	3
합계	100	90	63	58	**68**

[출처]: ○○교회 컨설팅 보고서, 목회컨설팅연구소

    데이터data를 통한 객관화는 컨설팅의 기본이다. 그렇다면 수치화의 목적과 분석 구조는 어떻게 이루어지는가? 다음 '데이터 수집의 목적과 구조'는 아래 출처를 통해 노구치 요시아키의 책에 소개된 과정이다. 나는 이것을 교회 컨설팅에 적용하여 다음과 같이 제시한다.[10]

---

10) 노구치 요시아키/장세진 옮김, 《컨설팅이란 무엇인가?》 (서울: 3mecca.com, 2011), p. 117.

데이터 수집의 목적과 구조

[출처]: 《가설검증 Know-how, Do-how》 HR 인스티튜트 著(PHP연구소)

객관화는 사실들의 체계화가 중요하다. 그렇다면 교회는 무엇을 객관화하는가? 그러니까 어떤 사실들의 체계화가 필요한 것인가?

객관화의 가장 중요한 영역은 담임목사의 '목회 방향'과 '교회 정책'이다. 이에 대한 사실(사역 종류, 사역 진행 상황, 만족도 등)들을 체계화하는 것이다. 사실들의 체계화 작업에서 가장 중요한 수행은 '가정 설정'이다. 사실(정보, 데이터)을 수집할 때 사용하는 설문지 또는 인터뷰 질문은 목회철학과 목회 방향을 기본적인 근거로 하여 만들어지기 때문이다.

이렇게 하면 현재 진행되는 사역의 타당성을 검증할 수 있을 뿐 아니라, 새로운 사역 방향에 대한 타당성도 검증할 수 있게 된다. 이렇게 수집된 수치는 지금까지 진행해 온 사역의 정당성 또는 앞으로 추진할 사역에 대한 타당성을 객관화하여 보여주는 것이 된다. 객관적 수치화로 다음의 표를 만든다.[11]

---

[11] 노구치 요시아키/장세진 옮김, 《컨설팅이란 무엇인가?》 (서울: 3mecca.com, 2011), p. 120.

▶ 문자만을 이용한 도표화 – 거시환경 분석

	분석항목	트렌드	키워드
Political (정치적 환경요인) · 법규제 · 조세제도 · 판례 · 정부 · 관련단체 동향	정치 행정	· 물류 규제 · 공정거래 정책 · 주류 규제 · 식품안전 규제	규제 대응
Economical (경제적 환경요인) · 경기 · 환율 · 가격변동 · 금리 (인플레이션/디플레이션)	시장 경제	· 디플레이션 진행 · BRICs 부상 · 금융기관 구조조정 · 저금리	국경을 초월한 경쟁

Social (사회적 환경요인)
· 인구동태 · 여론
· 사회적 의식
· 교육수준 · 환경
	사회
	국민
		· 저출산 고령화
		· 환경 중시,
		  안전 중시
		· 자연 건강 중시
		· 아르바이트족
		  증가
			안전
			&
			안심
			대책

Technological (기술적 환경요인) · 기술혁신 · 특허	기술 지적 재산	· 생화학/DNA · 인터넷 보급 확대 · 환경 대책 · IT 기술 진화 · 미세화기술 진화	기술 선점 대책

[출처]: 《로드맵 Know-how, Do-how》 HR 인스티튜트 著(PHP 연구소)

    이러한 수치화된 분석의 결과를 통해 현재 교회의 성장곡선을 알 수 있다.

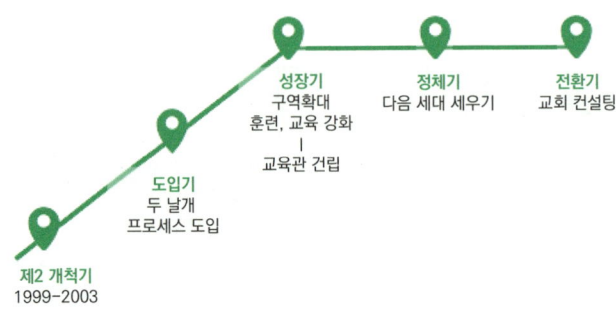

[출처] ○○교회 컨설팅 보고서, 목회컨설팅연구소

객관화에는 수치화와 동시에 요구되는 것이 있다. 그것은 도형화이다. 분석과 데이터의 구성비가 아무리 뛰어나다 할지라도 그 분석 취지가 바르고 효과적으로 전달되지 못한다면 객관화된 자료는 큰 의미가 없을 수 있다. 분석은 잘 전달되어야 비로소 의미와 가치가 있는 것이다. 큰 수고로움이 담긴, 두꺼운 장문의 보고서를 전달했더라도 컨설팅을 의뢰한 교회에서는 그 보고서를 통해 다음과 같은 궁금증을 갖게 된다.

"그래서 하고 싶은 말이 무엇인가?", "우리 교회가 적용할 가장 중요하고 핵심적인 결론이 무엇인가?", "그래서 어떻게 하라는 것인가?"

이러한 질문에 답하기 위해서는, 장황한 설명보다는 분석결과를 효과적으로 볼 수 있는 도형화가 가장 좋다. 분석 결과, 즉 객관적인 자료를 한눈에 볼 수 있도록 다음과 같이 한다.

① 무엇을 위한 분석 결과인지 명확하게 도형화한다.
② 가능한 간결하게 작업을 한다.
③ 전하고 싶은 결과를 한마디로 표현한다.
④ 알기 쉬운 도표를 구사한다.

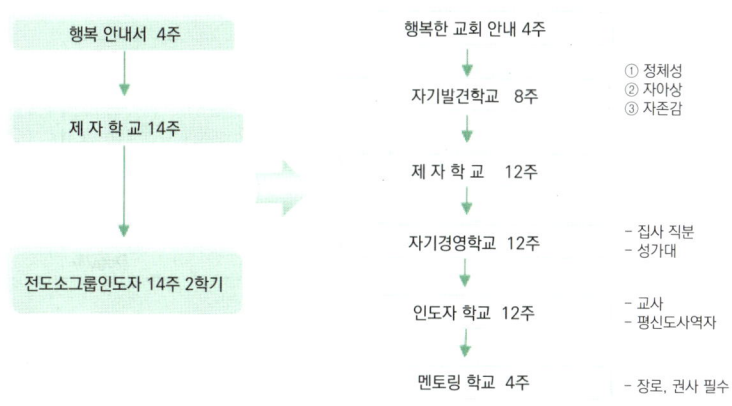

[출처]: ○○교회 컨설팅 보고서, 목회컨설팅연구소

도형화는 사고체계의 이미지이며, 많은 내용을 함의하는 표현이다. 도형화는 통상 '문자화, 그래프화, 시각화, 컬러화, 레이아웃화'라

는 요소를 가지고 있다.[12]

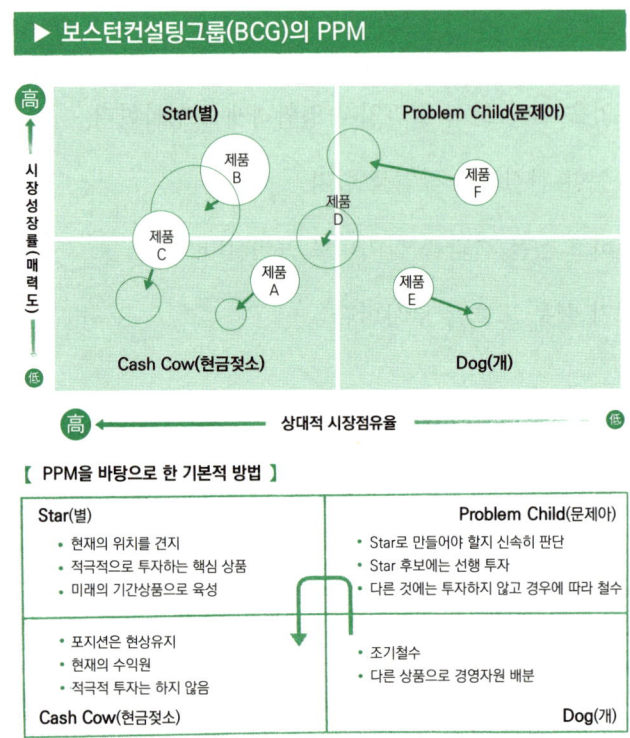

2) 구조화하는 것이 교회 컨설팅의 본질이다

한국의 전통적인 기성교회는 공동의회(사무총회 또는 감리교단의 당

---

12) 노구치 요시아키/장세진 옮김, 《컨설팅이란 무엇인가?》 (서울: 3mecca.com, 2011), p. 134.

회), 당회, 제직회, 남녀전도회, 구역(셀), 동호회 등의 구조로 되어 있다. 교단별 헌법도 교회 내의 구조와 조직을 규정하고 있다.

조직이란, 특정한 목적을 달성하기 위한 사람들이 모여 일정한 구조를 갖춘 사회 단위로 정의될 수 있다. 현대 조직론에서는 다음과 같은 특징을 제시하고 있다.[13]

(1) 조직의 시스템system

조직을 하나의 체계system로 파악하는 특징을 들 수 있다. 즉, 조직을 공식적 조직과 비공식적 조직인 자생적 집단groups 및 구성원 개인으로서 구성되는 체계로 보고 있다.

(2) 조직과 환경의 관계

조직을 환경과 상호 간에 긴밀한 작용을 하는 개방 체계로 파악하고 있다. 조직은 동태적인 환경 속에 존재하며, 조직의 요구와 환경의 요구는 상호 자극하고 제약하는 관계에 놓여 있다.

(3) 조직의 목표를 중시

---

13) 김성교 목사, "조직 관리의 실태와 발전 방안 연구"(대구평강교회를 중심으로).

조직이 설립되는 이유는 일정한 사회적 요구를 충족시키기 위해서이며, 따라서 조직이 그 설립 목표를 여전히 달성하고 있는가는 중요한 문제라고 보고 있다. 그러기 때문에, 조직에 있어서 목표의 달성도를 의미하는 '효과성'이 중요한 문제가 된다.

(4) 조직의 공식적, 비공식적 측면에서 포괄하는 실체

조직은 공식적 측면과 비공식적 측면의 상호 작용의 산물이라고 보는 것이다. 따라서 고전적 조직 이론과 신고전적 조직 이론을 통합하여 조직의 공식적 요인과 비공식적 요인을 함께 분석하고 있다.

(5) 조직의 변화, 발전 문제를 중시

조직의 발전을 위해서는 조직 구성원의 가치관이나 태도의 변혁이 없이는 안 된다고 하고 있다. 이러한 인간의 가치관이나 태도의 변혁은 자연적으로 이루어질 수도 있으나, 보다 효과적인 조직 발전을 위해서는 인위적인 접근이 필요하다.

통상 한국교회의 교회 행정조직은 다음과 같은 형태로 되어 있다.

내당교회 교회조직

[출처]: 내당교회 홈페이지 http://ndpc.or.kr/

산호세온누리교회 각 영역별 부서조직표

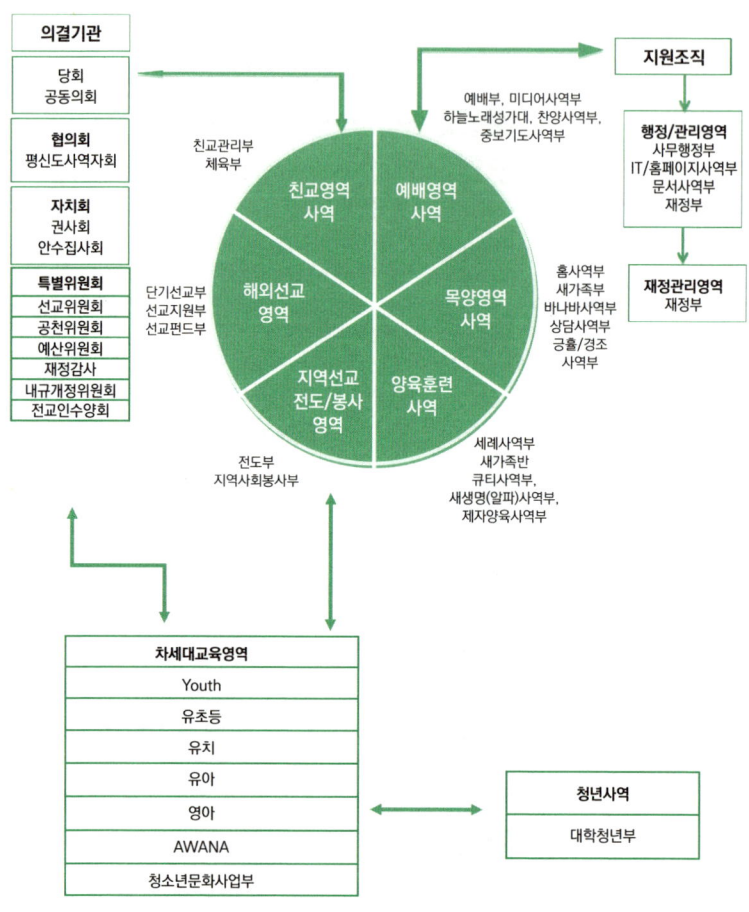

[출처]: 산호세 온누리교회 홈페이지 https://onnurisj.org/

일산장로교회 교회행정 조직안내

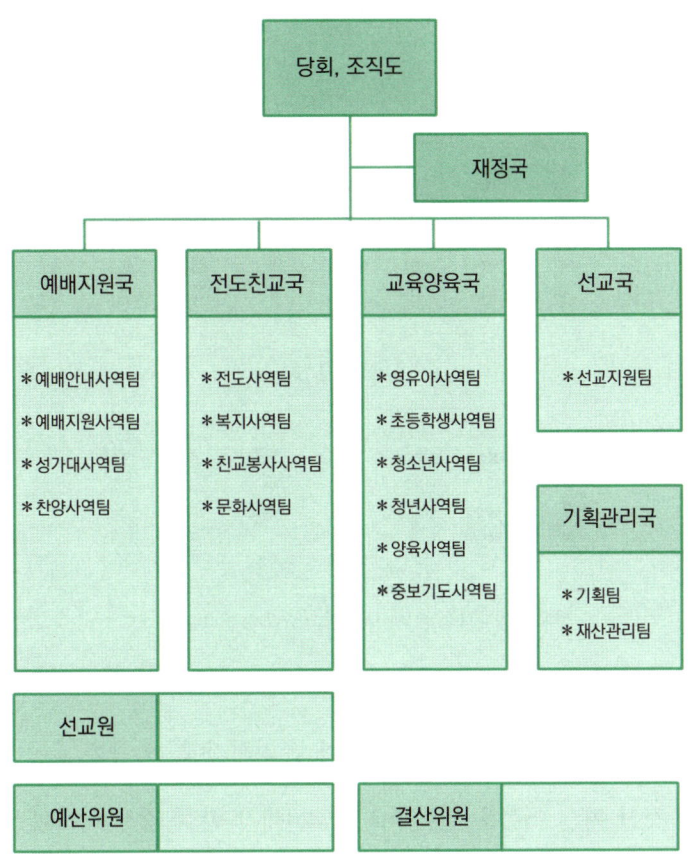

[출처]: 일산장로교회 홈페이지 http://ilsanch.org/main/

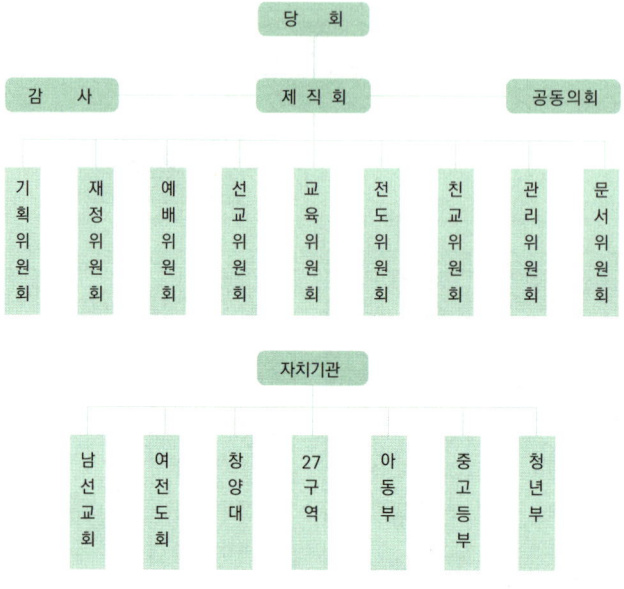

[출처]: 세움교회 홈페이지 http://www.seumch.co.kr/

한국교회는 전통과 교단의 헌법에 준거하기에, 그 구조를 변화시키는 것이 여간 어려운 일이 아니다. 20세기 한국 경제 역사에서 위기에 처한 시기는 대한민국 IMF(국제통화기금) 구제금융 요청(1997. 12. 3.~2001. 8. 23.) 기간이었다. 국가 부도의 위기에 처한 우리나라가 국제통화기금으로부터 자금을 지원받기 위해 양해각서를 체결한 사건이다. 기업이 연쇄적으로 도산하면서 외환 보유액이 급감했고, IMF에 20억 달러 긴급 융자를 요청했다. 외환 위기 속에 대한민국은 외환 보유액이 한때 39억 달러까지 급감했지만, IMF에서 195억 달러의 구제금융을 받아 간신히 국가 부도사태는 면하게 됐다.

이러한 국면에 달하였을 때, 한국사회가 눈물겨운 아픔을 감내하며, 가장 우선적으로 시도한 것이 다름 아닌 '구조조정'이었다. 구조조정(構造調整, Restructuring)이란, 효율을 높이기 위해 조직의 내부구조를 변화시키는 것이다.

'Restructuring'이라는 단어가 구조조정이라는 의미로 쓰이기 시작한 것은 1981년 로널드 레이건 대통령이 취임 후 공급 중심의 경제정책을 채택하면서부터이다. 빠르게 변화하는 경제환경 변화에 적응하기 위해 기업이나 조직이 기존의 사업구조, 소유구조, 자본구조, 경영구조, 지배구조 등을 변화시키지 않으면 변화된 환경에 적응하지 못해 뒤처지거나 살아남기 힘들게 되어, 새로운 환경에 적응하기 위해 새로운 구조로 변화하는 것을 의미한다.

대한민국에서 이 용어는 1997년 외환 위기에 사용되기 시작했다. 1997년 외환 위기를 겪으며 여러 기업은 재무 위기로 인해 조직 인원을 감축 및 퇴출하였고 조직을 매각, 폐쇄하며 '규모의 조정'을 구조조정이라는 용어를 사용하며 감행하였다.[14]

---

14) 구조조정은 부실기업이나 비능률적인 조직을 미래지향적인 사업구조로 개편하는 데

그런데 한국교회는 교회의 위기에 직면하여 많은 어려움을 호소하고 정체의 늪에서 벗어나야 함을 역설하면서도 실제로 구조조정을 하지 않고 있다. 구조조정은 인력의 해고를 의미하는 것이 아니다. 그러나 교회는 사역자의 인원 감축과 사례비 동결 정도의 수준에서 구조조정이 이루어지는 실정이다.

교회의 변화와 혁신은 그 교회의 특성화, 담임목사의 철학, 교회의 정책 방향, 그리고 그 지역 욕구를 반영하여 그 교회에 적합한 구조로 바뀌는 것으로 시작한다. 구조 변화 없이 교회 변화는 불가능하다는 말이다. 구조적으로 변화가 불가능하거나 어려운 교회가 많은 것도 사실이다. 그러나 전통 구조를 고집하며 낙후되거나 도태^{淘汰}하는 교회도 있는 반면, 그 교회의 오랜 전통 속에서 지속 성장한 교회 가운데 갑자기 급격한 구조의 변화를 추진하다가 어려움을 겪은 교회들도 많다. 교회의 구조화는 이렇게 이루어진다.

교회의 모든 영역의 수치화된 객관적 데이터 수집
↓
진단과 분석
↓
교회의 방향성 도출
↓
방향에 준거한 구조 변화

주목적이 있다. - 위키백과

위의 과정을 통해 교회 사역과 방향에 맞는 구조로 바꿔야 한다. 방향과 맞지 않는 구조는 교회 성장과 성숙에 어려움을 겪게 되고, 사역의 과중화가 이루어진다. 실제 교회 컨설팅을 통해 제안된 내용을 살펴보면 다음과 같다.

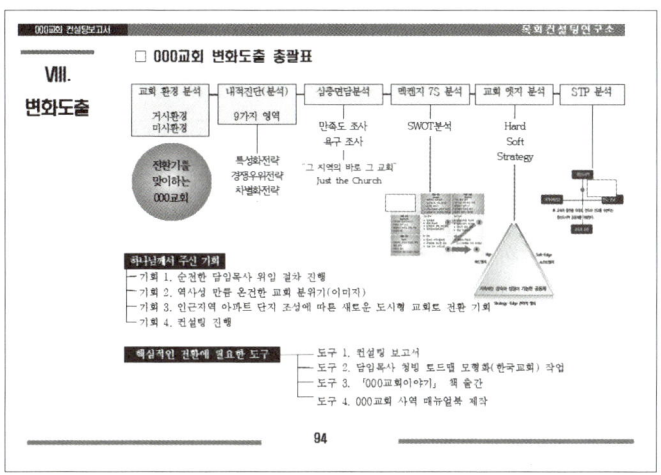

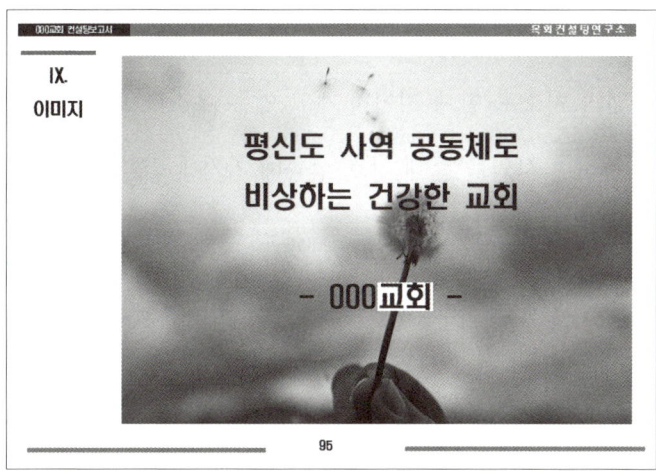

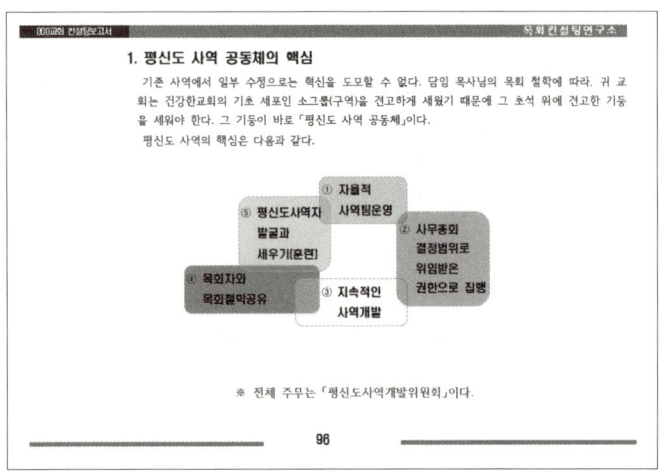

교회는 하나님께서 거하시는 처소이다.

"너희도 성령 안에서 하나님이 거하실 처소가 되기 위하여 그리스도 예수 안에서 함께 지어져 가느니라"(엡 2:22).

하나님의 처소로 함께 지어져 가고 있는 우리가 모인 교회, 그 교회가 역동하며 사역을 통해 상호 성숙해 가기에 적합한 구조가 되어야 함은 당연하다.

교회 컨설팅은 교회가 추구하는 그 교회만의 방향성에 따라 탄력적인 구조를 세워 제시한다. 무조건 구조를 바꾸어도 안 되지만,

구조 변화를 통한 능동적이며 효율적인 목회사역의 도모는 필요하다. 구조조정의 필요를 분석하고 진단하는 일련의 과정이 컨설팅 프로젝트이다. 이때 필요한 영적 지도자의 리더십은 복음의 본질은 고집스럽게 지키는 동시에 비본질적인 것은 탄력 있게 변형할 수 있는 용수철 리더십이다.

3) 차별화하는 것이 교회 컨설팅의 본질이다

차별화는 경영전략의 일종으로, 소비자에게 독특한 가치를 제공하여 차별화에 소요된 비용 이상의 높은 가격 프리미엄premium과 고객 충성도 등을 얻는 전략이다. 차별화 우위가 있으면 계절적 수요나 불경기 문제가 있더라도 일정한 이윤을 보장해 준다. 차별화는 눈에 보이는 '유형有形의 차별화'도 있고 심리적, 감정적, 사회적인 '무형無形의 차별화'도 있다.

이와 같이 교회의 차별화 전략은 현재 한국교회적 상황에서도 반드시 적용되어야 하는 전략이다. 무조건 차별화하는 것은 아니다. 주변 이웃 교회와 차별화하라는 단순한 구분도 아니다. 블루오션 전략 중 하나인 것이다. 가치 중심의 사역이 우선되게 하며, 그 교회가 지닌 강점을 극대화하는 것이 필요하다. 더불어 담임목사의 강점이 교회의 방향성에 묻어나, 그 강점으로 목회가 이루어지도록 차별화의 초점을 맞추어야 한다. 교회가 위치한 지역, 주요 연령, 소득수준, 교육수준, 개성, 라이프 스타일^{life style}과 같은 사회적, 심리적 특성들의 분석을 통해 효과적인 차별화 전략을 제시할 수 있어야 한다.

한국교회의 잃어버린 20년을 언급한 적이 있다. 1995년부터 2015년까지, 한국교회는 심각한 정체기를 보내야 했다. 교회마다 목회자들이 교회 성장을 위해 동분서주했지만, 그것이 도리어 한국교회의 정체와 침체의 또 다른 원인이 된 것 또한 사실이다.

그 시기 동안 한국교회에 매우 독특한 교회들이 등장했다. 슈퍼스타 목회자와 혜성같이 나타난 교회들이다. 개척에 성공한 교회들이 나름의 독특하고 차별화된 사역의 모델^{model}을 제시함으로 한국교회 전체에 지각 변동을 일으킨 것이다.

그러나 이러한 사역 모델들은 무분별하게 이양되었고, 목회자 자신을 부르신 고유한 사명과 소명은 뒤로한 채 새로운 변화를 흡수하기에 급급하였다. 그 교회의 발판인 지역과 문화를 배제하고 성공한 방법론과 구조, 시스템만을 가져다가 각 교회에 심고만 있었다. 교회를 탓하고자 하는 것이 결코 아니다. 중요한 것을 놓치고 있었다는 것을 강조하고 싶은 것이다.

첫째, 혜성같이 등장한 교회들은 모두 독특한 차별화를 시도했다.

둘째, 구조를 변화시켜 사역 모델에 적합하게 조정하였다.

셋째, 주변 어떤 교회에서 시도하지 못했던 사역을 도모했다.

하나님께서는 우리 각자를 부르셨다. 어떤 목회자를 그대로 재현할 수 없고, 재현해서도 안 된다. 나의 부르심과 사명은 다르다. 어쩌면 목회자의 숫자만큼 다르다고 말해도 과언이 아닐 수 있다. 성공 모델을 배우기 위해 먼 길을 바쁘게 오고 간 것으로 분주하긴 했지만, 그만큼 시간을 잃어버렸다. 한국교회가 잃어버린 시간이다. 지역을 분석하고 진정한 지역의 욕구와 지역민의 영적 필요를 파악하고 수치화하는 시간이 되고, 자신을 부르신 하나님의 뜻과 사명을 재조명하여 자신의 잠재력을 깨우고 준비하는 시간이 되어야 했다.

이것이 너무도 안타까운 한국교회의 현실로 인식되어 지금도 아프다. 어떻게 해야 우리 교회만의 독특한 교회로, 그 지역의 '바로 그 교회'로 세워 갈 수 있는가?[15]

---

15) 구체적인 내용 이해를 위해서는, 김성진, 《바로 그 교회》 (서울: 쿰란출판사, 2015)를 참조하라.

(1) 우선 교회의 현 상황 분석이 종합적으로 필요하다.

우리 교회의 지금 상황들을 분석하고, 교인들의 요구와 만족도를 살피고, 자신의 강점, 단점과 한계점을 찾아가는 것이 필요하다. 이해를 도모할 수 있도록 아래 교회 컨설팅의 실제 예시를 살펴보자.

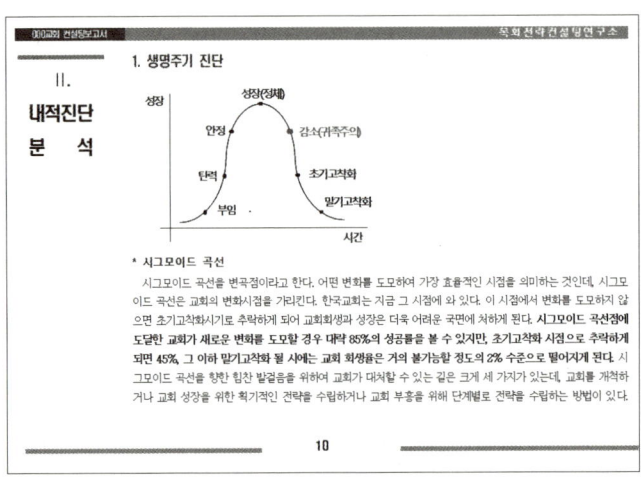

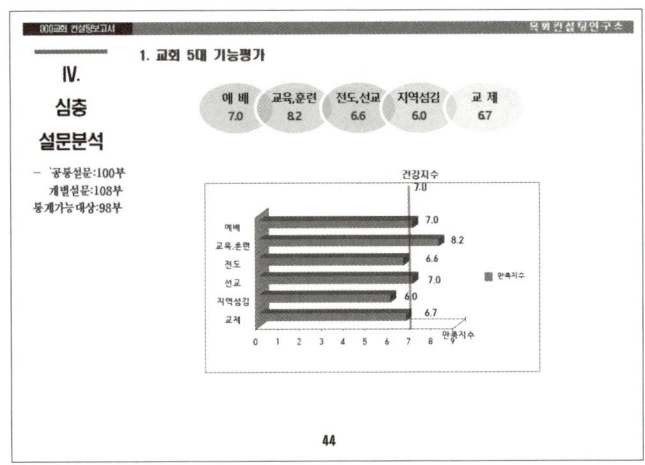

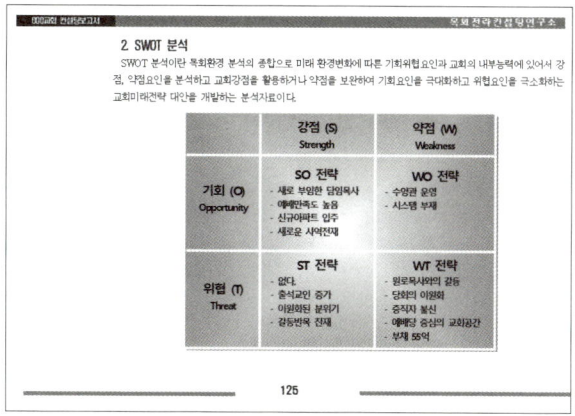

(2) 분석을 토대로 방향성을 찾는다.

방향을 찾기 위해서는 지역분석이 먼저 되어야 한다. 인구분포도, 연령구조, 생활수준 조사, 그리고 지역교회의 특성을 분석한다. 이것을 STP라 부르는데, Segmentation(분류)하고 집중할 목표 결정, 즉 Targeting(집중전도대상 결정)하고 인근 교회와의 다른 점(차별화)을 알기 위하여 Positioning(지도 그리기)을 하는 것이다.

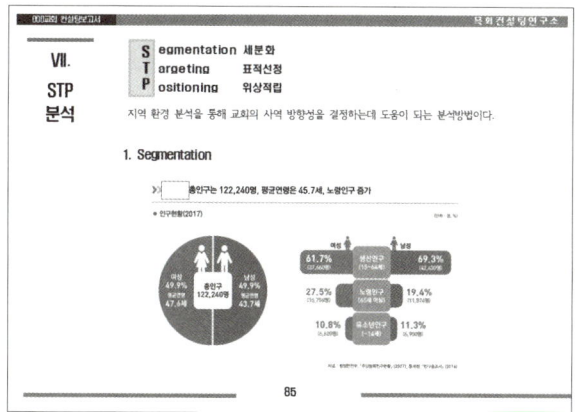

>> 총 가구 수는 48,460가구, 2010년 대비 8.3% 증가, 1인가구는 21.2% 증가
● 세대구성별 가구분포

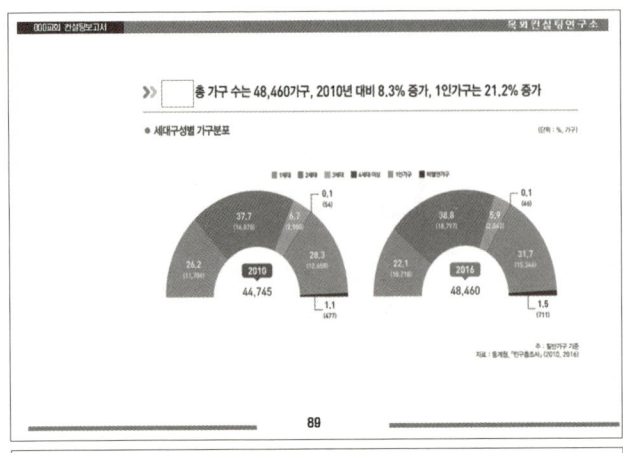

■ 장년층·청년층 1인가구 증가율이 가장 높고 청년층 여성 1인가구주 비율 증가 두드러져

· 장년층(55~59세) 1인가구 증가율이 66.1%로 가장 높고 다음이 30~34세, 25~29세 연령대임
· 1인가구 남성가구주 비율이 가장 높은 연령대는 40~44세이며 20세 미만, 55~59세 구간은 다른 연령대에 비해 여성 가구주 비율이 높음

연령대별 1인 가구 분포, 여성 1인가구주 비율 변화(2010, 2016)

연령대	2010		2016		1인가구 증가율
	가구수	여성가구주 비율	가구수	여성가구주 비율	
20~24세	1,036	41.9	1,082	49.6	4.4
25~29세	597	31.5	852	33.3	42.7
30~34세	472	31.4	721	33.8	52.8
35~39세	498	36.5	649	31.9	30.3
40~44세	548	34.9	757	29.5	38.1
45~49세	680	41.3	932	35.8	37.1
50~54세	940	50.6	1,166	39.2	24.0
55~59세	875	56.7	1,453	46.7	66.1

>> 2010년 대비 여성가구와 한부모가구 증가, 여성독거노인과 조손가구, 다문화가구 감소
● 가족 및 가구 형태(2016)

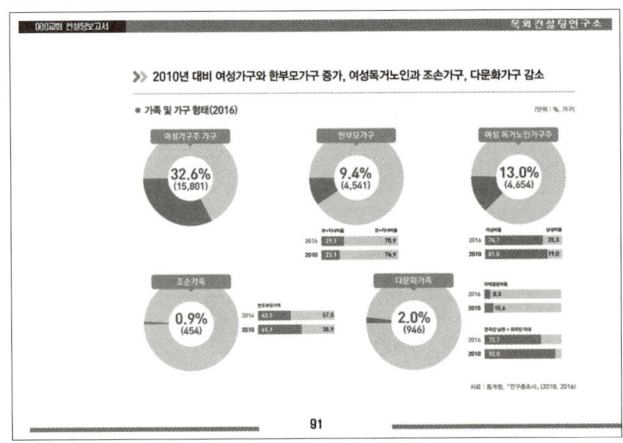

88 왜 교회 컨설팅인가?

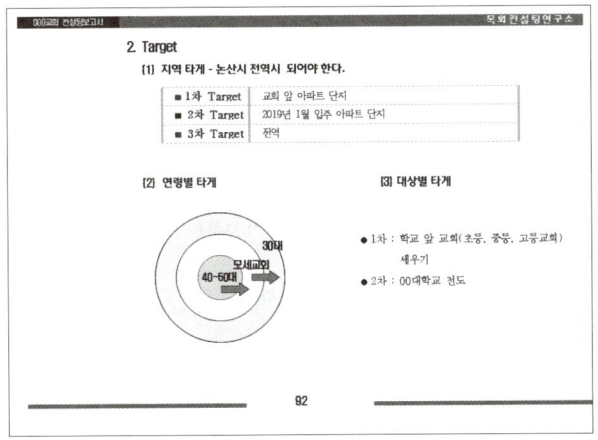

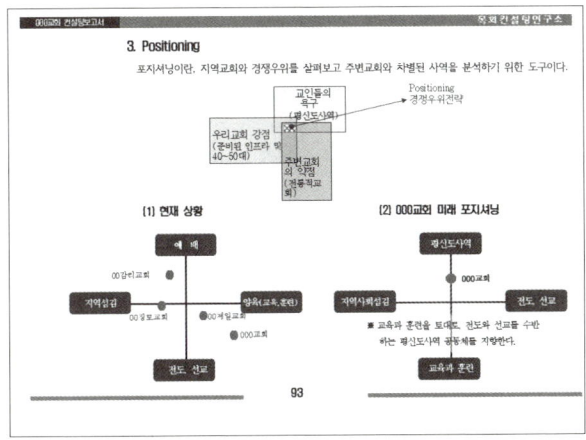

(3) 교회의 방향성을 결정한다.

이것은 교회 컨설팅의 가장 중요한 부분이다. 컨설팅의 핵심이기 때문이다. 모든 데이터 분석과 진단, 그리고 대안은 결국 그 교회가 어떤 방향으로 나아가야 하는가를 발견하기 위한 과정이다. 앞에 소개한 모든 분석 자료를 통해 "이 교회는 이러한 교회로 나아가야

합니다"라는 것을 제안하는 것이 교회 컨설팅의 핵심내용이다.

'교회 방향성'은 그 교회의 '콘셉트'^{concept} 또는 '이미지'^{image} 또는 '비전'^{vision}이 된다. 더 나아가 그 교회의 '브랜드'^{brand}가 된다. 교회는 저마다 여러 요인들로 인해 다른 모습의 목회를 하고 있다. 그리고 그렇게 달라야 한다.

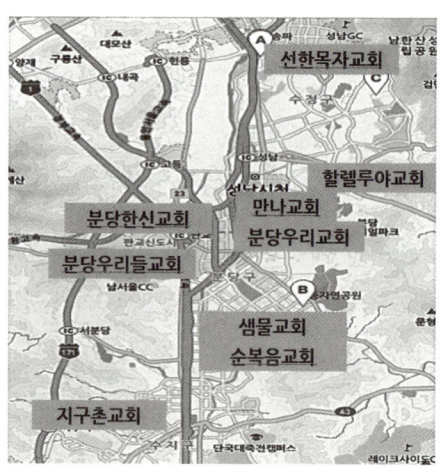

성남대로를 중심으로 세워진 교회들의 포지셔닝 맵$^{positioning\ map}$을 살펴보자. 한국교회를 대표하는 각 교단의 교회들이 성남대로를 두고 이렇게 세워져 있다.[16] 무엇을 발견할 수 있는가? 이 대형교회들

---

16) 출처: 목회컨설팅연구소(MSC) 목회정책 세우기 강의록

은 담임목사의 목회철학에 따라 서로 모두 다름을 발견해야 한다.

이렇게 교회마다 방향성이 달라야 한다. 지역교회가 서로 다른 기능으로 하나의 교회가 될 때 비로소 교회는 경쟁이 아닌 지체가 되는 것이다. 이것이 지역 교회론이다.

차별화는 그 지역에 그 교회가 존재해야 하는 이유이며, 목적이 된다. 교회의 이미지는 그 교회의 미래 모습이라 할 수 있다. 그 교회만의 독특성을 표출하는 이미지는 당연히 주변 교회들과 차별화를 찾아가는 것이다.

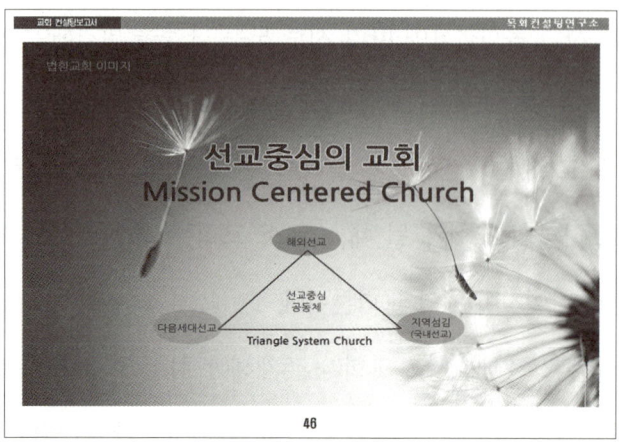

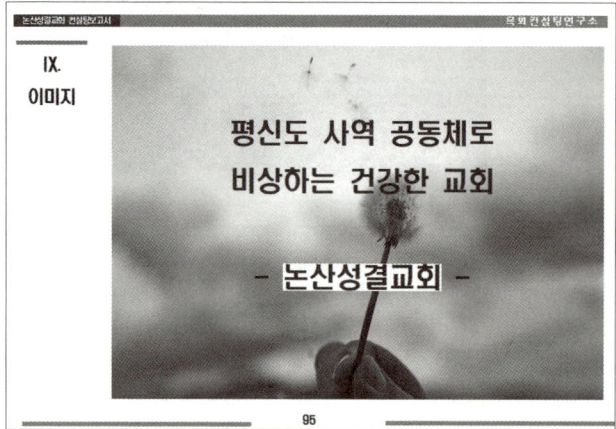

섬기고 있는 교회에 해결되어야 할 당면 문제가 있는가? 먼저 우리 교회만의 방향성을 결정하고, 전 교인이 하나 되어 나아갈 길을 제시한다면 그 문제는 생각보다 쉽게 해결될 것이다. 문제를 찾아가는 방법은 다음의 그림으로 이해할 수 있다.[17]

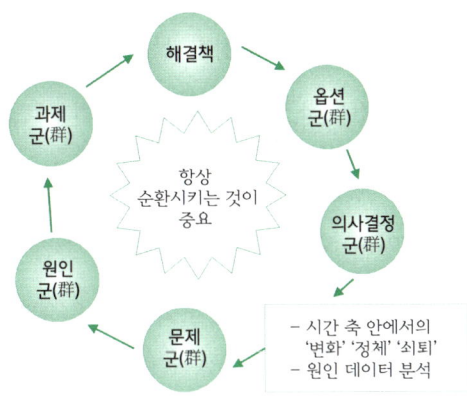

문제 해결의 순환과정도 컨설팅의 프로세스와 동일하다. 그러므로 교회는 교회만의 차별성을 함의적으로 찾아 그 비전을 향한 목회사역이 되어야 한다.

---

17) 노구치 요시아키/장세진 옮김, 《컨설팅이란 무엇인가?》(서울: 3mecca.com, 2011), p. 139.

4) 체계화하는 것이 교회 컨설팅의 본질이다

교회 컨설팅의 본질 중 하나는 교회의 체계화이다. 교회의 모든 사역과 교인 관리, 교육과 훈련 등이 체계적으로 진행되어야 한다. 흔히 체계화를 시스템이라고 한다. 시스템system이란 그리스어 'systema'에서 유래된 것으로 '특정한 목적을 달성하기 위하여 여러 가지 관련된 구성요소들이 상호작용하는 유기적 집합체'라는 뜻이다.[18] 시스템system은 각 구성요소들이 상호작용하거나 상호의존하여 복잡하게 얽힌 통일된 하나의 집합체(unified whole)이다. 이 용어는 복잡한 사회적 체계의 맥락에서 구조와 행동을 통제하는 규칙들의 집합체를 일컫기도 한다.

시스템은 전체적으로는 통일된 하나의 개체를 형성하면서도 각각의 고유기능을 수행하고, 그들의 공통 목표를 달성하기 위해 상호작용하는 요소들의 집합체이다. 또한 행위적 관점에서 볼 때 시스템은 투입물(Input)을 받아 조직화된 변환과정(Process)을 거쳐 목표에 부합되는 산출물(Output)을 만들어내는 데 관여하는 요소들의 집합을 의미하기도 한다.

---

18) 네이버 사전

(1) 시스템의 원리

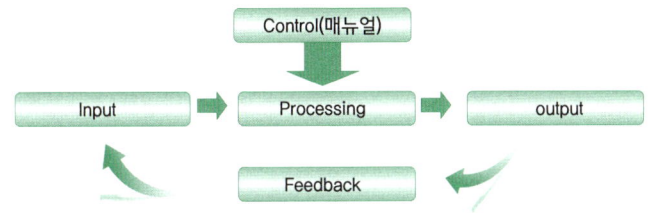

시스템은 크게 두 가지 측면을 갖게 된다. 하나는 구조적 측면이고, 다른 하나는 기능적 측면이다.[19]

① 구조적 측면
- 시스템은 '입력→처리→출력'(I-P-O)의 구조를 갖는다.
- 시스템은 피드백(Feedback) 구조를 갖는다.
- 시스템은 계층적(Hierarchical) 구조를 갖는다.

② 기능적 측면
- 시스템은 목표 지향적(Goal-oriented)이다.
- 시스템은 상승 작용적(Synergic)이다.
- 시스템은 자기 제어적(Self-controlled)이다.

---

19) 김상도, 《시스템의 본질과 시사점》(충북대학교), 2020년 3월 2일 인터넷에서 발췌.

(2) 교회 성장은 시스템의 정착에 있다.

교회 성장은 전적으로 하나님께 달려 있다.

"나는 심었고 아볼로는 물을 주었으되 오직 하나님께서 자라게 하셨나니"(고전 3:6).

교회는 하나님께서 자라게 하신다. 여기서 우리가 간과해서는 안 되는 것은 사도 바울은 심고, 아볼로는 물을 주었다는 것에서 심고 물을 주는 체계를 볼 수 있다는 것이다. 교회의 모든 사역은 체계적이어야 한다. 건강한 교회는 모든 사역들이 체계적으로 이루어진다. 즉 시스템이 잘 갖추어져 있다는 뜻이다. 그래서 '교회 성장은 시스템'인 것이다. 왜 시스템이 이토록 중요한가?

① 시스템은 I-P-O 구조를 갖는다.

시스템의 원리는 도표에서 볼 수 있는 것처럼 외부로부터 자원, 정보, 에너지 등을 입력(Input)받아 일련의 처리 과정(Process)을 거치고 자신의 목적에 부합되는 결과물(Output)을 출력하는 'I-P-O'를 기본 구조로 가지고 있다.

이러한 I-P-O 구조는 '목표 지향성'이라고 하는 시스템의 기능적 특성과 밀접한 관계가 있다. 즉 시스템은 목적에 부합되는 결과(Output)를 내기 위하여 그에 맞는 투입(Input)과 처리 과정(Process)으로 연결되는 구조를 갖는다. 교회에 새 가족이 들어오면 새 가족이 일정한 과정을 통해 교인으로서 자리매김이 되는 것과 같은 구조이다.

② 시스템은 피드백(Feedback) 구조를 갖는다.

시스템은 산출을 감지하여 그 결과에 따라 처리 과정을 제어하며 수정 조치를 다시 입력하는 일련의 피드백 구조를 가짐으로 시스템이 목적에 부합되는 행위와 결과를 유지하도록 한다. 모든 시스템은 피드백할 수 있다. 전 과정을 점검하고 수정할 수 있는 일련의 장치가 되는 것이다. 교회 사역의 건강성을 유지하기 위하여 지속적인 피드백이 되어야 하며, 그러기 위해서는 시스템이 잘 구축되어야 결과에 대한 피드백을 통해 수정 보완할 수 있게 된다.

③ 시스템은 목표 지향적(Goal-oriented)이다.

시스템은 어떤 목적과 목표를 달성하기 위해 존재한다. 그러므로 교회 사역의 목적과 목표를 명확하게 하는 것은 매우 중요하다. 보편적으로 시스템은 '물리적 구성요소'와 '인적 구성요소'로 이루어지지만, 구성요소들이 갖는 각 행위가 아니라 각 행위를 종합한 결과가 목적과 목표가 된다. 이러한 시스템의 특성상 교회 시스템의 정착은 자연스러운 교회 성장과 교회 사역의 목적과 목표를 이루게 된다.

④ 시스템은 상승작용(Synergic)을 하게 한다.

체계적인 교회 사역이 이루어지게 되면 안정감을 갖게 된다. 그리고 교회의 규모와 크기와 관계 없이 지속 성장을 가능하게 한다. 뿐만 아니라 안정감과 체계화로 인해 교인들이 정착하고, 사역하는 모든 과정에서 편안함을 갖게 되어 기대 이상의 상승효과가 나타나게 된다. 시너지^{Synergy}는 시스템^{System}과 에너지^{Energy}의 합성어이다.

⑤ 시스템은 자기 제어적(Self-controlled)이다.

환경의 변화와 프로세스의 진행 과정에서 시스템이 스스로 적절히 대응할 수 있도록 조건이나 상황을 설정하여 자동적으로 처리하도록 하는 것을 자동화라고 한다. 우리 몸이 날씨나 활동으로 인해 온도가 상승할 경우, 자동으로 땀을 배출하여 체온을 조절하는 것도 우리 신체의 '자기 제어 시스템' 때문이다.

그러므로 이러한 시스템이 그 기능을 충분히 발휘하기 위해서는 통제가 필요하다. 정해진 규칙이나 한계 또는 궤도로부터 이탈되는 현상을 미리 인식하여 바르게 진행되도록 하는 것이 시스템의 통제성이다. 이러한 통제를 위하여 교회에 진행되는 모든 사역에 매뉴얼 manual을 제작하게 된다. 매뉴얼은 교회의 사역지침서이다. 사역 지침서는 모든 교회 사역에 통제 기능을 하게 된다.

(3) 교회 시스템의 4영역

교회에서 수행되는 모든 사역들에 체계화가 요구된다. 건강한 교회일수록 체계화가 잘되어 있다. 적절한 비유는 아니지만 양질의 제품과 서비스는 좋은 시스템의 결과물이다. 좋은 시스템은 좋은 사역을 만들어 내고, 시너지를 더하여 놀라운 결과를 창출할 수 있게 된

다. 교회 사역의 체계화는 다음과 같이 4영역으로 나눌 수 있다.[20]

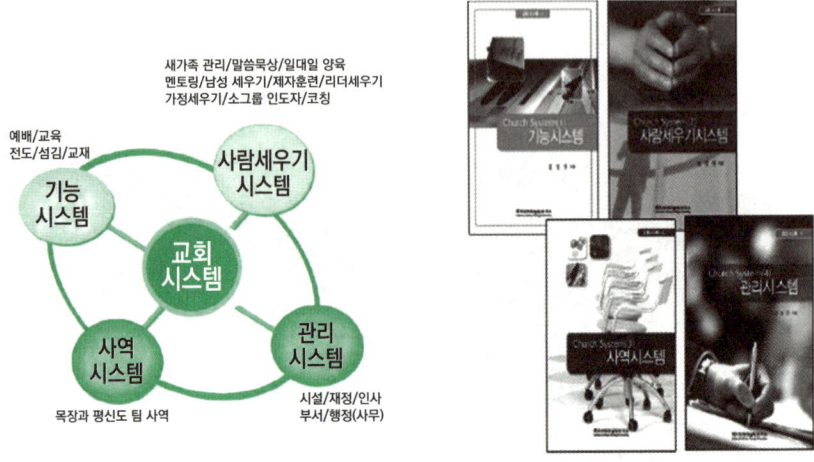

교회 컨설팅은 이러한 사역의 체계화를 돕는 사역이다. 교회는 영적 공동체이며, 주님의 몸이다. 그것은 유기체임을 의미한다. 모든 살아 있는 유기체는 그 나름의 시스템을 갖는다. 마치 심장에서 혈액이 혈관을 타고 모든 기관으로 송출되어 몸을 건강하게 유지하는 것같이, 사람의 인체를 포함하여 모든 유기체는 시스템에 의하여 작동되고 움직이며 활동한다.

모든 교회 시스템의 결국은 사람을 세우는 것에 있다. 교회 사역에서 '체계화의 목적'은 교회를 유지하는 것이 아니라 '하나님의 사

---

20) 김성진, 《Church System(1) 기능시스템》 (성남: 목회컨설팅연구소, 2007).

람을 세우는 데' 있다. 사람을 세우는 시스템을 갖추고 있을 때 비로소 생명력 있는 교회 시스템이 되는 것이다.

- 교회 시스템의 Out-Put은 무엇인가?
- 우리 교회의 사역 체계화는 어떠한가?
- 우리 교회에는 사역 매뉴얼이 있는가?

5) 목회의 혁신역량을 강화하는 것이 교회 컨설팅의 본질이다

'혁신'의 사전적 의미는 '묵은 풍습, 관습, 조직, 방법 따위를 완전히 바꿔서 새롭게 하는 것'이다. 이러한 의미는 첫째, 이전의 모든 것은 혁신이 가능한 것이다. 둘째, 완전히 바꾸어 진정한 새로움을 이루는 것이다. 셋째, 본질을 바꾸는 것이 아니라 오히려 본질에 더 밀착되게 한다는 의미이다.

"이전 것은 지나갔으니 보라 새것이 되었도다"(고후 5:17b)라고 말씀하고 있다. '지나갔다' 그리고 '새것이 되었다'는 질적인 변화이다. 그러나 성경적인 혁신은 본래 모습으로의 회귀이다. 그래서 혁신은 단순한 장소의 변화나 형태의 변화가 아니라, 도리어 본연의 것으로 돌아가는 것이다.

더욱이 혁신innovation은 개선improvement과는 다르다. 조금 나아지는 것을 의미하지 않는다. 잘못된 것, 부족한 것, 나쁜 것을 고쳐서 더 좋게 만드는 개선도 아니다. 본질에 다가서는 것이다. 그러므로 교회 컨설팅은 교회의 일부분을 개선하거나 문제를 해결하는 정도에 국한된 것이 아니다. 교회의 본질, 복음의 본질이 어떻게 그 지역에 뿌리내리게 해야 하는지, 그리고 교회의 본질적 기능인 예배, 전도와 선교, 교육과 훈련, 지역사회 섬김, 교인들의 교제 등이 본질적으로 어떻게 현 시대에 맞게 이루어져야 하는지 찾아가는 프로세스인 것이다.

그것은 성경적 가치를 그 지역에 심기 위한 교회의 섬김이 어떠해야 하는지, 하나님의 소유 된 교회가 그 지역에서 어떤 사역을 이루어 드려야 하나님의 나라가 임하게 되는지를 분석하고 진단하는 것이다. 그리고 다양한 방법을 통해 찾아가는 것이다. 그러므로 교회 컨설팅은 교회와 목회의 본질을 위한 사역의 중요한 도구이다.

즉 '혁신'이라는 것은, 단순히 표면에 나타나는 현상의 부분적인 다름의 문제가 아니라, 그 다름을 뛰어넘어 교회의 본질을 회복하기 위한 가치의 전환이다. 물론 교회는 점진적 혁신을 더 선호하지만, 획기적 혁신을 도모하기도 한다.

한 교회의 컨설팅을 수행하던 중, 현 담임목사께서 원로목사가 되신 후 후임 목사를 청빙해야 하는 현안을 다루게 되었다. 기존의 보편적 방식은 추천과 공모 후 배수별 심의하고, 한 분씩 교회를 방문해 설교하며 선을 보는 것이다. 교인들은 기도 후 선호하는 후임 목사를 투표하여 결정한다.

그러나 이 교회는 혁신을 도모했다. 관습적인 기존의 방식에서 완전히 새로운 방식의 청빙 절차를 선택했다. 교회 주관의 청빙이 아닌 외부기관(헤드헌터, 서치펌)에 의뢰한 것이다. 획기적 혁신이었다. 그러나 헤드헌팅을 통한 담임목사 청빙은 본질에 가까운 것이다. 청빙의 의미에 그 본질이 담겨 있기 때문이다. 청빙이란, 모셔 오는 것이지 선을 보고 심의하여 채용하는 것이 아니기 때문이다. 더욱이 자신들이 따라야 할 영적 지도자를 면접하고 심의하고 뽑는다는 것은 본질에서 이미 많이 벗어나 있다. 더욱이 공고유형이나 추천유형, 세습유형은 그 절차의 공정성이 보장되지 않는다.

이처럼 컨설팅은 교회와 사역의 본질에 접근하며 교회의 본질을 찾아가는 전략을 제시하는 사역이다. 컨설팅을 통한 혁신 제안들을 소개하면 다음과 같다.

① 평신도 사역 개발: 크리스천 기업인 포럼 주최 / 목회 방향성: Campus Church

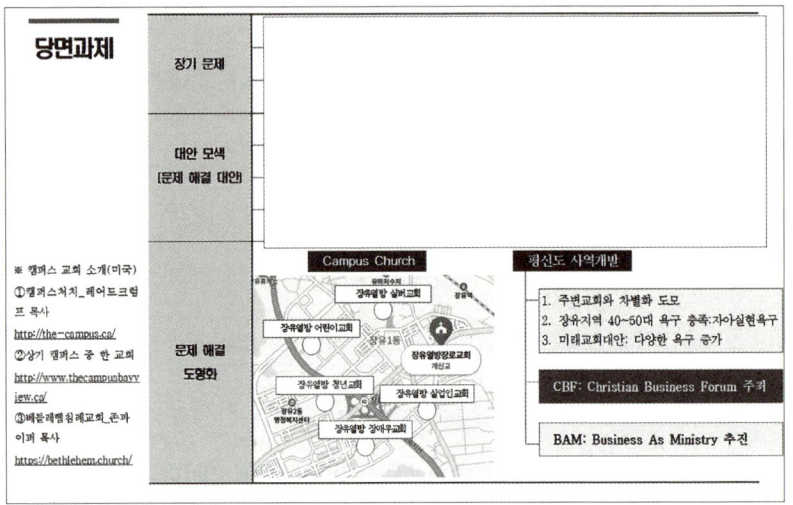

② 담임목사 청빙 제안

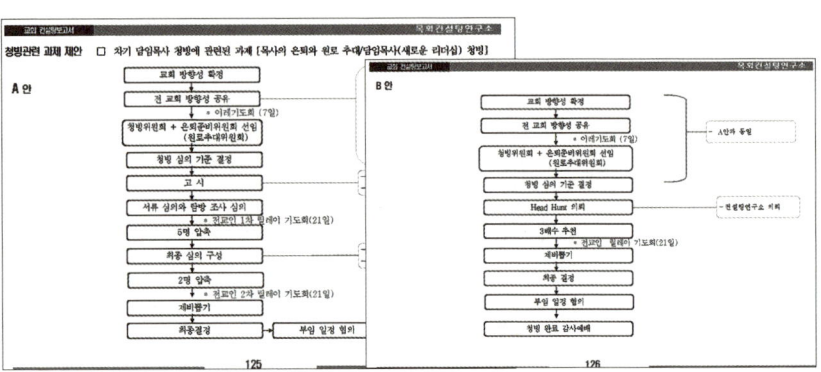

③ 교회발전위원회 구성 제안 / 교회 이름 변경

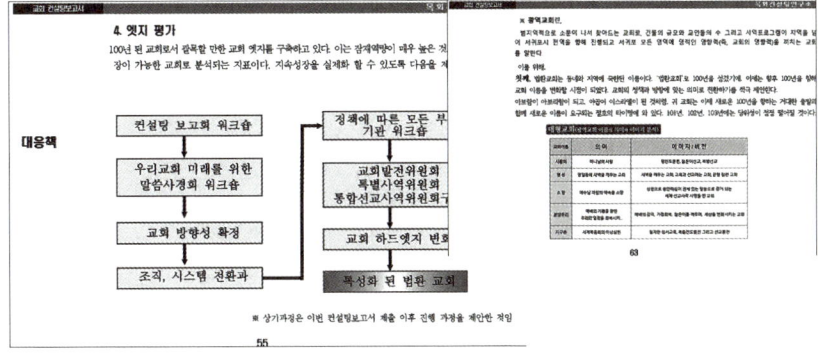

④ 당회 제안: 사역장로, 시무장로 제안

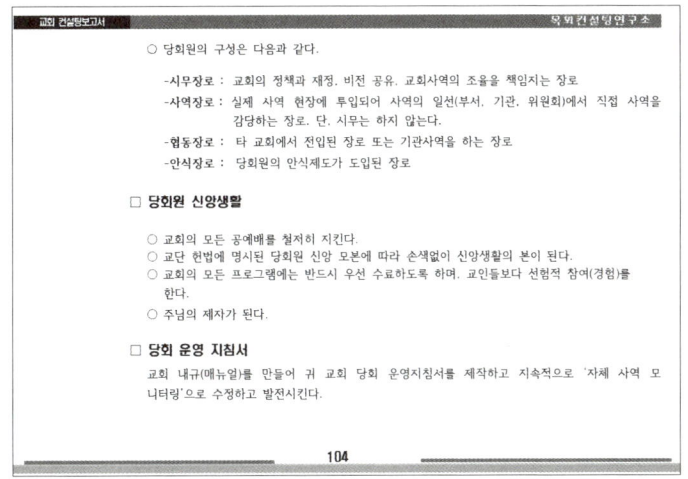

이러한 혁신이 성공하기 위해서는 몇 가지 전략이 요구된다.

① 혁신 활동은 정형화되어 있는 기계 장비처럼 시장에서 손쉽게

구입할 수 있는 것이 아니다. 다른 교회에서 성공적으로 실행된 혁신 프로그램이라 하더라도 바로 도입하여 교회에 그대로 시행하면 안 된다. 그 교회에 알맞은 변혁을 가져와야 한다.

② 혁신을 위한 문화 조성이 선행되어야 한다. 교회는 본질상 전통을 강조하며 다분히 보수적이다. 거룩과 세속의 이분법적 사고로 혁신에는 동의하지만, 실제 혁신을 이루기에는 다소 어려움이 있다. 그러므로 충분한 공감대 형성이 중요하다. 교인들과 가능한 한 최대한 소통하기 위해 많은 시간과 노력을 투자해야 한다. 혁신을 바로 시도하는 것보다 어쩌면 공감대를 형성하는 전략이 더 중요하다. 혁신을 위한 문화 조성이 되어야 그 효율성이 극대화된다.

③ 교회의 보수적인 생태구조로 인해 대부분의 혁신은 점진적으로 이루어진다. 물론 교회에 위기나 문제가 발생했을 때는 급진적인 혁신이 필요하다. 그러나 혁신의 점진성을 고려하여 혁신을 이루기 위한 단계를 수립하고, 그 계획에 따른 단계적 혁신 목표를 이루는 전략을 세워야 한다.

무엇을 혁신할 것인가?
① 사역의 주체: 목회자인가? 평신도인가?
② 행정 최종 결정권의 주체

③ 교회운영과 경영방식

④ 교회 기능별 혁신: 예배시간/전도의 실제/소그룹 모임 형태/구조/교육/지역사회 섬김 등

⑤ 재정 지출 방식의 변화

바람직한 혁신 방향은 우선적으로 '교회의 사명이 무엇인가?'를 명확하게 정의하는 것이다. 교회의 사명은 그 교회의 본질이며 존재 이유이기 때문에 먼저 교회에서 이뤄지는 모든 사역이 그 목적을 향한 사역인지, 그렇지 않은지를 점검해야 한다. 다시 말하지만, 혁신은 본질로의 회귀이며 회복이다. 교회의 존재 이유를 명확히 선포하고 사명을 이루기 위해 혁신하는 것이다.

두 번째는 교회의 목표를 실제적인 수치로 표현해야 한다. 예를 들어, "우리의 목표는 지역 복음화이다"라는 것은 옳은 표현이 아니다. "우리 지역의 1% 혹은 2%를 복음화한다"라는 목표를 설정하고, 그 설정 목표에 어느 정도 근접하고 있는지 질문하고 정기적으로 피드백하는 것이 혁신이다. 바로 이것을 제안하고 점검하는 것이 교회 컨설팅이다.

6) 사람을 세우는 것이 교회 컨설팅의 본질이다

'교회 세우기'는 '사람 세우기'이다. 사람을 세우는 것이 하나님의 교회를 세우는 것이다.

> "이는 성도를 온전하게 하여 봉사의 일을 하게 하며 그리스도의 몸을 세우려 하심이라"(엡 4:12).

우리에게 진리의 말씀을 주신 목적도 사람을 세우기 위함이다.

> "모든 성경은 하나님의 감동으로 된 것으로 교훈과 책망과 바르게 함과 의로 교육하기에 유익하니 이는 하나님의 사람으로 온전하게 하며 모든 선한 일을 행할 능력을 갖추게 하려 함이라"(딤후 3:16-17).

교회를 세운다는 것은 하나님의 사람을 세우는 것이기에 사도들의 모든 행적을 살펴보면 표면적인 교회 건물을 세우는 데 자신의 역량을 소모하지 않고, 하나님의 사람을 세우는 일에 전력을 다하였다.

"우리가 그를 전파하여 각 사람을 권하고 모든 지혜로 각 사람을 가르침은 각 사람을 그리스도 안에서 완전한 자로 세우려 함이니 이를 위하여 나도 내 속에서 능력으로 역사하시는 이의 역사를 따라 힘을 다하여 수고하노라"(골 1:28-29).

힘을 다하여 수고하는 유일한 이유는 하나님의 사람을 온전하게 하는 것이다. 교회 건물을 세워야 하는 이유도, 목회사역을 건강하게 잘 감당해야 하는 이유도, 전도하는 이유도, 훈련과 교육의 이유도, 교회의 모든 조직과 구조를 건강하게 잘 구축해야 하는 이유도, 시스템을 체계적으로 세우는 이유도, 아름다운 예배로 하나님을 찬양하는 이유도, 교회 컨설팅의 이유도 하나님의 사람을 세우는 데 있다.

교회 컨설팅은 문제를 파헤치거나 문제를 드러내기 위함이 아니라 결국은 하나님의 사람을 온전하게 세우기 위함임을 기억해야 한다. 교회 개척의 순서는 다음과 같다.

《담임목회자 세우기》 ⇒ 《하나님의 사람 세우기》 ⇒ 《하나님의 교회 세우기》

(1) 담임목회자 세우기

교회를 세우려는 목회자는 자신을 먼저 하나님의 사람으로 훈련하고 구비하여 하나님의 사람들을 세울 수 있는 능력, 그리고 목회 운영(공동체 경영) 능력과 리더십의 역량을 갖추어야 한다. 하나님께서는 준비된 목회자로 하여금 그 토대 위에 교회를 세워가신다. 그리고 그렇게 준비된 영적 목자에게 그분의 양들을 위임하신다는 것을 잊지 않아야 한다.

그러므로 어떤 면에서는 교회 컨설팅의 우선적 과제는 '목회자 컨설팅'이 될 수 있다. 영적 지도자로 준비해 온 객관적 역량 분석, 공동체 운영능력, 리더십 유형 분석, 제자 세우기 도구 분석, 리더십 유형에 적합한 말씀 전달 기술 등에 대한 분석 및 대안 제시는 담임목회자가 자기를 준비할 때 훌륭한 가이드가 될 것이다. 또한 자신을 객관적인 시각으로 돌아보게 하여 통전적 목회로 나아갈 수 있게 할 것이다. 건물인 교회를 세우는 것이 최우선이 아니라, 영적 지도자로서의 첫 단계는 자신을 먼저 온전하게 세우는 것이다.

(2) 하나님의 사람 세우기

준비된 목회자가 자신을 부르셔서 주신 소명과 사명을 찾아 교회를 세워 갈 때 그 비전을 공유하고 함께 이루어 갈 동역자를 만나게 된다. 그들을 하나님의 사람들로 세우는 것이다. 이를 위한 구체적인 도구로 제자훈련, 소그룹, 일대일 교육과 다양한 훈련, 세미나, 수련회 등을 기획하게 될 것이다.

사람이 세워지는 과정은 다음과 같다.

〈양육〉 ⇒ 〈교육〉 ⇒ 〈훈련〉 ⇒ 〈개발〉

양육하기	교육하기	훈련하기	개발하기
필요에 초점 맞춤	그룹 초점	일에 초점 맞춤	개인에게 초점 맞춤
인간관계 강조	신앙생활 필요지식 습득	사역 강조	변화 강조
봉사	단계별 성장	관리	리더십
리더십 유지	리더십 기초	리더십 키워감	리더십 승법 번식
기초 다지기	체계화	자유케 하기	능력 부여함
도움	가르치기	가르치기	멘토링
필요 중심	지식 중심	기술 중심	인격 중심
성장 미진	지식 확장	단기적 성장	장기적 성장
모든 사람들	자원자	많은 사람들	소수나 개인
양육자 중심	지식 전수	원리 중심	멘티 중심

한국교회는 이제 교회 본연의 목적 중 하나인 하나님의 사람을 세우는 사역에 집중해야 한다. 사람을 세우는 사람, 그가 목회자이며 그들이 또 다른 사람을 세울 수 있도록 제자들을 양육해야 한다.

"내 아들아 그러므로 너는 그리스도 예수 안에 있는 은혜 가운데서 강하고 또 네가 많은 증인 앞에서 내게 들은 바를 충성된 사람들에게 부탁하라 그들이 또 다른 사람들을 가르칠 수 있으리라"(딤후 2:1-2).

바울은 디모데를 '내 아들'이라고 불렀다. 그렇다. 교회는 영적인 바울을 세워야 한다. 그들이 영적인 아들을 두고, 그 아들이 충성된 사람을 세우고, 또 그들이 또 다른 사람을 가르치는 선순환의 구조가 되게 해야 한다. 그리하여 영적인 바울, 영적인 디모데를 세워 가야 한다. 그것이 교회와 목회의 본질이다. 교회 컨설팅은 사람을 세우는 목회자의 본질적인 사역을 돕기 위해 수행하는 사역이다.

목회자는 영적인 지도자이다. 영적 지도자는 하나의 인격체로 하나님께서 주신 역량과 책임으로 영향력을 행사하며, 하나님의 백성 중 구체적인 집단으로 하여금 하나님의 뜻을 이루게 하는 사람이다. 하나님의 뜻을 실현하기 위해서는 또 다른 사람들을 하나님께서 원하시는 사람으로 세워 가야만 한다. 사람을 세워 가는 것은 일생을 살아가면서 가장 의미 있고 가치 있는 사역이다.

- 우리 교회는 얼마나 많은 사람을 세웠는가?
- 우리 교회는 영적 바울이 얼마나 되는가?

• 우리 교회는 사람을 세우는 시스템이 잘 갖추어져 있는가?

한국교회에는 다음과 같은 지도자가 필요하다.[21]

• 잘 훈련된 영적 지도자
• 선명한 영적 가치관과 목회철학을 가진 영적 지도자
• 사람을 세울 수 있는 안목을 가진 지도자
• 생애에서 가장 소중한 것으로 남길 것이 무엇인지 아는, 먼 미래를 보는 눈을 가진 지도자
• 사람을 세워 가는 전반적인 단계와 과정에 숙달되고 준비된 지도자
• 사람을 세우는 기술인 영적 멘토링 사역에 헌신할 평신도 지도자

	일반 교육과 훈련	멘토링
목 적	성경지식 습득 / 기초지식 전수	태도의 변화 / 잠재력 개발
초 점	신앙생활에 필요한 지식 습득	삶에 변화, 관계 중시
주 체	전문 강사, 목회자, 수직적	평신도 지도자, 쌍방적 성숙
관 계	그룹	1:1
장 소	강의실, 교회, 가정	삶의 현장, 어디든지 가능
기 간	단기적, 정기적	수시로

---

21) J. 로버트 클린턴/이순정, 이영규 옮김, 《영적 지도자 만들기》(서울: 베다니출판사, 2014).

소그룹	멘토링
관계와 친교	주고받는 방향에 맞춤
공동체 상황	개인적 상황
토론 중심	적용 중심
12명 내외	1:1, 1:3 이내
교과 과정에 기초	멘티의 필요에 기초
소그룹의 확장	개인의 성장과 성숙
과정이 중심	변화가 중심
함께 만남의 시간이 중요	가능성과 잠재력 강화
공동체 비전 나눔	비전 공유와 일치

멘토링은 사람을 세워 가는 최상의 방법이고 실제적이며 현실적인 사역의 모형이다. 지도자는 그의 멘토들로부터 사상, 지식, 삶을 전수(傳受)받아 그들의 영향력을 딛고 더욱 진전되고 발전된 삶을 살게 된다. 이러한 삶의 모습이 선순환되어, 또 다른 사람들을 삶으로 멘토링하게 한다. 이것은 지도자 자신을 지속적으로 성숙하고 발전하게 하는 한국교회의 미래 대안 중 하나이다. 이것을 나는 '멘토링 목회'라고 말하고자 한다.

시대가 다변화되고 모임을 영위하기가 어려운 상황에서 더욱 적극적인 멘토링 섬김으로의 사역 전환이 필요하다. 복잡한 삶의 구조에서 영적인 사람을 세우기 위하여 우리는 각자에게로 더욱 적극적으로 다가가야만 한다.

"우리가 그를 전파하여 각 사람을 권하고 모든 지혜로 각 사람을 가르침은 각 사람을 그리스도 안에서 완전한 자로 세우려 함이니" (골 1:28).

'멘토링 목회'는 시대적 목회 대안이라고 확신한다. 멘토링은 성경 속에서 모본을 보여주고 있는 사역이다. 예수님의 사역이었고, 사도들의 사역 방식 중 하나였다. 교회는 궁극적으로 어떤 사역이 진행되든지 사람을 세우는 공동체가 되어야 한다.

4. 교회 컨설팅을 통해 얻을 수 있는 것은 무엇인가?

교회 컨설팅을 통해 과연 무엇을 기대하며 얻을 수 있는가? 그 이유와 필요는 무엇인가? 실제로 교회 컨설팅을 의뢰하는 다양한 요인들이 있지만, 현실적인 요인은 다음과 같다.

1) 교회 외부기관을 통한 객관적인 전략 수립

목회자들이 교회 사역을 수행할 때 그 과정에서 수많은 문제와 전략적인 의사결정을 해야만 하는 상황에 직면하게 된다. 이때 교회 내부 구성원으로는 문제의 객관적인 원인 분석이나 통전적인 대안 도출이 쉽지 않은 경우가 발생한다. 주관적인 편견과 교회 내부의 이해관계에 따라 결정될 수 있는 위험에 노출되기 때문이다.

이럴 경우 교회는 특단의 조치로 전문적인 지식과 경험을 보유하고 있는 외부기관, 특히 교회 내의 이해관계자와 관련이 없는 전문가에게 컨설팅을 의뢰함으로 객관적이고 체계적인 의견과 자문을 받을 수 있다.

2) 문제 진단과 분석, 그리고 대안 제시

컨설턴트는 기본적으로 전문적인 컨설팅 학습과 고도의 훈련을 통하여 교회 내 문제를 진단하고 이에 대한 심층적 대안을 모색하는 역량을 보유하고 있다. 그래서 교회 컨설팅은 목회적 경험을 가진 목회자가 수행하도록 해야 한다.

간혹 평신도에 의하여 교회 컨설팅을 진행하는 교회가 있다. 그럴 경우 기업경영 컨설팅의 전문성은 보장되고 평신도의 입장에서 바라보는 교회와 목회에 대한 자문은 훌륭할 수 있다. 하지만 교회의 전반적인 기능과 목회의 통전적인 역량을 통해 제안해야 하는 영역에서는 다소 부족할 수 있다.

또한 신학자인 교수들에 의해 컨설팅이 수행되기도 한다. 이 역시 신학적 전문성으로 이론적인 컨설팅을 수행할 수 있다. 그러나 목회란 가변성과 다양한 경우의 변수가 많기 때문에 통전성과 객관성을 함의하기에는 다소 부족할 수 있다.

그러므로 교회는 교회 컨설팅 전문가에게 교회의 문제를 객관적으로 진단받고 전문적인 분석과 대안을 받을 수 있다.

3) 새로운 기회와 활용

한국교회는 '목회 4.0 시대'에 도래해 있다. '목회 1.0'은 부흥과 성장 중심의 목회라면, '목회 2.0'은 프로그램 중심 목회이고, '목회 3.0'은 소그룹 중심 목회였다. 이제 맞이하고 있는 '목회 4.0'은 미래가 요구하는 특성화, 차별화, 전문화, 단순화에 부합된 목회라 말할 수 있다. 그러나 시대의 변화와 요청에 능동적으로 대응하기란 쉬운 일이 아니다. 기존의 목회방식과 교회 경영방식으로는 이러한 4.0 시대의 필요를 충족할 수 없는 것이 현실이다.

현실상 변화가 어려운 환경이라 하더라도, 교회는 목회사역 환경 변화와 새로운 기회 포착을 위해 노력해야만 하는 상황에 놓여 있다. 이럴 때 교회는 외부기관의 통찰력을 활용할 수 있다. 교회 컨설턴트는 전문적으로 구비된 전문인력이며, 교회 사역의 방향을 이끌어 시대를 선도할 수 있는 기회를 발견하고 활용하는 데 유리하다.

4) 교회의 방향성 수립

교회는 방향성이 핵심이다. 콜럼버스에게 나침반이 없었다면 신대륙 발견은 불가능했을 것이다. 선장이 반드시 지녀야 할 나침반처럼 교회 역시 선명한 방향성이 매우 중요하다. 교회의 방향성은 교회의 비전이 된다. 어느 교회든지 비전 없는 교회는 없을 것이다.

예를 들어, 대전 '새로남교회'의 비전선언문은 "예수 그리스도를 알지 못하는 이웃에게 복음을 전하여 천국의 확신(영생의 선물)을 가지게 하고 하나님 말씀으로 훈련하여 하나님 나라의 정병(예수 그리스도의 군사/복음의 증인)으로 세운다"이다.

일산 '거룩한 빛 광성교회'의 비전은 "예수님께서 세우시고 사도행전에 나타난 초대교회와 같은 바른 교회를 만들어가기 위해 다음과 같은 비전을 세웁니다. 1. 섬기는 교회 2. 인재를 양성하는 교회 3. 상식이 통하는 교회"로 정하고 그 비전을 향해 사역하고 있다.

하지만 '그 비전이 과연 그 지역과 얼마나 일체감을 가질 수 있는가? 그 비전은 교인들의 욕구와 영적 필요를 충족하고 있는가? 그 지역을 위한 교회의 비전인가?'는 또 다른 차원일 수 있다. 지역사회의 모든 각 교회는 그 지역의 '바로 그 교회'가 되어야 한다. 그렇지 않으면 교회는 도시 안의 섬과 같이 되어 지역과 무관한 자기들만

의 울타리에 스스로 갇힌 꼴이 될 것이다.[22]

어떠한 지역에 그 교회가 존재해야 할, 바로 그 비전이 무엇인지 찾기 위해 분석력을 갖춘 전문가는 그 지역을 분석하고, 지역민과 교인들의 욕구 조사를 통해 목회자와 교회 중진들이 꿈꾸는 교회상(비전)을 통전적으로 찾아내는 충분 요건을 제시해 줄 수 있을 것이다. 전문가의 지역 환경 조사 및 내부 환경 조사, 설문조사와 인터뷰를 통해 바로 그 교회가 지역민을 대상으로 어떤 비전을 제시할 수 있는지 찾는 데 도움을 받을 수 있다.

5) 교회 내 역학관계로 인한 외부 전문가의 필요성

교회 내부에는 교인들의 수만큼 다양한 욕구가 있을 수 있다. 그리고 각기 유형별 모임이 존재한다. 모임마다, 그룹마다 지니는 특정한 이해관계는 갈등과 분열의 원인이 될 수 있다. 교회 내부 차원으로 조율하고 문제해결을 시도하다 보면 역학관계로 인해 또 다른 문제가 발생하는 경우를 쉽게 볼 수 있다. 더욱이 자체적으로 최적의 대안을 찾을 때 한계가 있다. 무엇보다 공정성의 논란이 있을 수 있

---

22) 김성진, 《바로 그 교회》 (서울: 쿰란출판사, 2015).

다. 이는 보편적으로 발생하는 교회 역학 문제이다.

이런 경우, 교회 내부의 여타 조직과 역학관계가 없는 외부기관의 컨설턴트는 보다 객관적이고 공정하게 대안을 창출할 수 있다. 뿐만 아니라 이해관계로부터도 자유롭기 때문에 최상의 해결 대안을 만들 수 있다. 특히 교회의 담임목사와 당회원 간 혹은 중직자 간의 이해관계의 갈등이 있을 때 내부에서 해결될 가능성이 매우 희박하기에 소속된 노회와 지방회, 시찰회, 더 나아가서는 총회 차원에서 해결하려고 하는 경우도 종종 발생한다.

경험상 이러한 경우에 교회의 분열을 자초하게 되고, 그 역학관계에 놓인 구조들로 인해 문제가 증폭되기도 한다. 완전히 독립적인 외부 전문가의 공정하고 객관적인 진단과 분석에 따른 대안으로 해결할 수 있다.

6) 변화와 학습효과

교회는 외부 환경 변화와 내부의 욕구와 필요를 충족하기 위해 능동적이고 적극적인 혁신을 이루어야 한다. 아울러 새로운 방향성으로 각 교회마다 개성 있는 사역이 이루어지도록 해야 한다. 교회는 살아 있는 주님의 몸이며, 살아 있는 유기체이다. 유기체의 특성은 성장과 성숙이 이루어져야만 한다는 것이다. 지속가능성이 확보되어야 하지만, 교회의 규모가 커질수록 실제적인 혁신과 변화가 매우 어려워지기 때문에 내부적 지침으로는 혁신을 이룰 수 없다.

담임목사는 누구보다 교회 상황을 잘 알고 있지만, 교단 신학의 범주 안에서 교육과 훈련을 도모한다. 하지만 실제적인 효율성과 효과에서 기대치에 미치지 못하는 것이 현실이다. 그래서 대다수의 교회가 외부 전문가를 초대하고, 그들을 통해 교인들의 교육과 훈련을 시행하여 학습효과를 극대화하게 한다. 교회 컨설턴트를 통한 교육은 효율성을 이루는 역할을 할 수 있다.

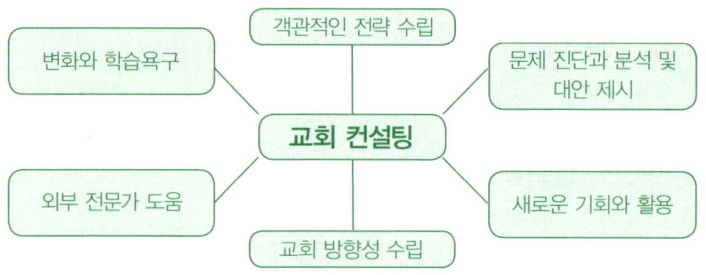

위의 그림에서 볼 수 있듯이 교회 컨설팅은 교회의 실제적이며 구체적인 변화를 도모하는 데 최상의 사역이 되며 도구가 된다.

주님께서는 우리에게 두 가지를 말씀하셨다.

"그러므로 너희는 뱀같이 지혜롭고 비둘기같이 순결하라"(마 10:16).

교회는 세상과 다르게 거룩함을 추구해야 한다. 이것이 경건이기 때문이다.

"하나님 아버지 앞에서 정결하고 더러움이 없는 경건은 곧 고아와 과부를 그 환난 중에 돌보고 또 자기를 지켜 세속에 물들지 아니하는 그것이니라"(약 1:27).

그러나 한 가지 부족함을 보게 되는데, 그것은 지혜로움이다.

전략의 사전적 정의는 '전쟁을 전반적으로 이끌어 가는 방법이나 책략으로, 전술보다 상위의 개념'이다. 경영과 관련해서 전략이란, '정치, 경제 따위의 사회적 활동을 하는 데 필요한 책략'이라고 정의되어 있다. '책략', '전략'은 '지혜'의 또 다른 면이다. 우리는 지혜로워야 한다. 세상을 살아가는 데 중요한 은사 중 하나가 지혜로움이다. 지혜롭게 세상을 살아야 하는 것처럼 목회 역시 지혜로워야 한다. 다른 말로 하면 전략적으로 교회 사역이 이루어져야 한다는 것이다.

교회 컨설팅을 통해 교회의 새로운 방향을 가늠하고 문제해결의 대안을 찾아, 내부적 갈등 없이 객관적 시각으로 제시된 제안에 따라 건강한 교회의 지속 가능한 성장이 이루어질 수 있다.

실패한 교회 마케팅(2)

출석교인 40명 이상 넘은 적이 없는 교회가 예배당에 의자 300개를 배열해 놓았다.

사소한 문제>> 시내 중심가에서 차를 타고 가는데 그중 여덟 개의 식당에는 손님이 가득한데 한 식당에는 차가 두 대만 주차되어 있다. 그렇다면 그 비어 있는 식당을 보고 어떻게 생각하겠는가? 아마도 '저 식당에는 뭔가 문제가 있는 것이 틀림없어'라고 생각할 것이다. 이것이 상식적이고 정상적인 인지작용이다. 수백 개의 의자가 놓여 있는 예배당에 소수의 사람들만이 모인 것을 보면 '이 교회에는 뭔가 문제가 있는 것이 틀림없어'라고 생각할지도 모른다.

- 《교회마케팅 101》 발췌

5.
절차의 공정성과 컨설팅의 구성요소

교회 내 자체 컨설팅 팀을 만들어 컨설팅을 진행할 경우 그 절차의 객관성과 공정성에 문제가 제기될 수 있다. 아울러 컨설팅에 대한 이론적으로 정리된 개념의 구성요소에 견주어 볼 때 교회 자체 내의 컨설팅은 이미 다소 신뢰도가 낮다는 것을 인지할 수 있다. 그러면 그 절차의 공정성은 무엇이고, 공정성에는 어떤 요소가 있으며, 더불어 컨설팅의 기본 개념에 내포된 구성요소는 무엇인지 알아보자.

1) 절차 공정성

절차 공정성 procedural justice 은 일반적으로 의사결정이 이루어지는 공식적 절차에 관한 개인의 공정성에 대한 지각이다. 즉 결과를 산출하는 데 사용된 방법 및 절차와 관련된 정당성이다. 공정성 판단모델(Justice Judgment Model)에 대해 절차 공정성 이론 분야에 지대한 공헌을 한 레벤달(Leventhal, 1976)은 절차 공정성 개념을 조직 상황과 같은 비법률적인 맥락으로 확장했다. 그리고 절차 측면에 있어 개인들에게 형평성의 정도를 판단하기 위해 필요한 기준을 제시했다.[23]

그는 절차 공정성을 판단하기 위해서 필요한 요소가 있다고 했다. 다양한 집단, 당사자의 이익, 의견을 반영하는 **대표성**(representativeness), 사람과 시간 측면에 걸쳐 언제나 동등한 절차를 적용하는 **일관성**(consistency), 의사결정자의 개인적 이해관계로 인한 영향력을 제한하는 편견으로부터 자유로운 **편향 배제성**(bias suppression), 최적의 정확한 정보를 바탕으로 의사결정을 내리는 **정확성**(accuracy), 결함이 있고 부정확한 정보를 올바르게 수정할 수 있는 기회를 부여하는 **수정 가능성**(correctability), 그리고 규범이 되는 원칙과 도덕적 기준에 따라 의사결정을 내리는 **윤리성**(ethicality)이 필요하다고 했다.

이는 컨설팅을 수행하는 과정에 너무도 중요한 영역이다. 내부 자

---

23) Leventhal, G.S., "What should be done with Equity Theory?" In R.J. Greenberg, 1980.

체 컨설팅을 포함하여, 공정성이 보장되지 않는 컨설팅은 생명력이 떨어지게 된다.

2) 컨설팅 구성요소

시암피(Ciampi)는 경영 컨설팅의 8가지 개념적 구성요소를 도출하여 발표했다. 그 구성요소를 충족하는 것이 컨설팅의 건전성과 진정성을 함의한다는 것이다. ① 컨설턴트의 독립성 ② 컨설턴트의 전문성 ③ 고객과 컨설턴트의 관계성 ④ 컨설팅의 문제 지향성 ⑤ 컨설팅 관계의 계약적 신탁적 특성 ⑥ 문제의 기업 관련성 ⑦ 문제의 최고경영자 관련성 ⑧ 컨설팅의 가치 축출 잠재력이다.[24]

경영 컨설팅의 구성요소를 기초로, 교회 컨설팅의 공정성과 객관성을 위해 지녀야 할 구성요건을 다음과 같이 제시할 수 있다. 아래의 구성요건이 충족되어야 한다는 의미이다.

(1) 목회 컨설턴트의 독립성이 보장되어야 한다.

---

[24] 최창호, "고객과 컨설턴트 간의 유대강화가 컨설팅 프로젝트 성과에 미치는 영향에 관한 연구," (박사학위 논문, 한성대학교대학원, 2013), p. 26.

실제 한국교회에서도 자체 교회 연구소를 두고 컨설팅 팀을 구축할 수 있는 상황임에도 이해관계에서 자유로울 수 없기에 외부기관을 통한 교회 만족도 조사를 실시하는 사례가 있다. 컨설턴트는 금융상, 의사결정 과정상, 그리고 정서적 조건으로부터 반드시 독립적이어야 한다.

(2) 컨설턴트의 전문성이 요구된다.

컨설팅은 단순히 정보를 수집하고 자료를 분석하여 통계수치를 만드는 사역이 아니다. 컨설팅 도구(매트릭스, matrix)를 활용한 도형과 도표를 통해 잘 만들어진 프레젠테이션presentation 또한 아니다. 목회 컨설턴트는 교회 컨설팅 수행의 임상 경험과 목회 경험, 전문기관에서의 교육과 훈련 테스트를 거쳐 부여된 컨설턴트 자격과 전문가적인 기술 및 능력, 역량이 검증되어야 한다.

교회 컨설팅은 미래 교회의 흐름을 읽는 것이다. 지역과 교회의 네트워크를 이루기 위한 고도의 전문 작업으로, 지역의 변화를 읽고, 교인들의 욕구와 영적인 필요를 조사해야 한다. 목회자의 강점과 교회가 추구하는 가치를 융합하고 통합하는 역량이 필요하다. 비전문가의 편향성으로 주님의 교회를 진단하고 분석해서는 안 된다..

(3) 컨설팅은 자문, 의견 제시, 사역의 보완적 기능을 수행한다.

계약 조건상의 컨설팅이 진행된 후 그 결과와 대안, 의견을 제시하게 된다. 교회는 그 의견을 수용할 것인지 혹은 기각할 것인지에 대한 궁극적인 책임이 있다. 아울러 교회는 보고서 내의 실행계획을 추진해 감에 있어서 컨설턴트에게 자문을 요청할 수 있다. 그래서 컨설턴트는 자문역할을 수행하기도 한다.

또한 교회와 컨설턴트 간에 있어서 그들의 필요에 따라 보완적, 보강적 기능을 감당할 수도 있다. 목회 컨설턴트의 이러한 기능적 역할의 특성으로 교회 내부의 컨설팅 팀으로는 이러한 사역에 한계가 있는 것이 현실이다.[25]

(4) 목회사역에서 나타난 문제해결의 협력이 요구된다.

컨설팅을 통해 드러낼 수 있는 여러 가지 문제들을 확인하고 해결책을 마련하기 위해, 컨설턴트는 담임목사와 지속적인 대화와 협력을 진솔하게 지속해야 한다. 교회 내 목회협력 사역위원회와 같은 협의체가 있다면 좋겠지만, 한국교회 현실상 그러한 기구가 존재하는 것이 어렵고, 특별위원회가 구성되어 있어도 풀타임으로 위임받

---

25) 최창호, "고객과 컨설턴트 간의 유대강화가 컨설팅 프로젝트 성과에 미치는 영향에 관한 연구", (박사학위 논문, 한성대학교대학원, 2013), p. 28.

은 담임 목회자가 사역의 모든 부분을 진행하고 있기에 교회 내 평신도 중심의 컨설팅 팀과의 협력이 쉽지 않다.

(5) 컨설팅 관계의 계약적, 신탁적 특성이 있기 때문이다.

교회는 컨설팅을 수행하기에 앞서 수행과정의 모든 법적 절차와 심리적 정당성을 부여한다. 계약으로 이루어지는 컨설팅이기에 상호 합의에 의한 책임과 의무를 지니고 거룩한 부담감으로 수행하는 사역이다. 이러한 계약과 신탁적 수행은 교회 내의 컨설팅 팀으로는 이루어지기 어렵다. 법적 계약이기에 당사자 간의 권리와 역할을 공식적으로 명백하게 정의하고 상호신뢰와 존중심을 근간으로 하여 진행하는 의식적인 약속이다.

(6) 교회 컨설팅은 면밀하게 말하면 목회 컨설팅이라 할 수 있다.

교회 컨설팅의 대상은 그 교회에서 진행되는 모든 목회적 상황에 대한 진단 분석이 이루어지는 것이다. 어쩌면 가장 부담을 느끼는 주체는 담임 목회자일 수 있다. 마치 그동안의 목회에 대한 평가를 받는 기분이 들 수 있기 때문이다. 실제는 그렇지 않다. 평가적 개념의 컨설팅이 아니라, 컨설팅은 문제를 해결하고 미래 그 교회의 방향성을 찾고 그 방향성을 위해 교회가 구비하고 준비해야 할 것이 무엇인지를 찾는 미래지향적인 사역이다.

또한 앞서 강조했듯이 교회를 혁신하기 위한 것이 궁극적 목적이다. 그러함에도 혹자는 담임 목회자의 목회 평가를 하려는 좋지 못한 의도로 활용하려고 하는 경우도 발생한다. 그러나 교회가 수행하는 모든 사역은 평가의 대상이 아니라 혁신과 발전, 그리고 변화를 위한 것이 되어야 한다. 이러한 차원에서 현재 교회의 상황을 분석하고 진단에 집중하게 되면 과거 지향적이 되어, 비판과 평가를 일삼게 되는 우(愚)를 범할 수 있다.

"비판하지 말라 그리하면 너희가 비판을 받지 않을 것이요"(눅 6:37a).

6.
목회 컨설턴트는 누구인가?

1) 목회 컨설턴트는 어떤 사역자인가?

교회 컨설팅을 수행하는 사람을 '목회 컨설턴트'라고 한다. 경영 컨설팅을 수행하는 사람을 경영 컨설턴트라고 한다. 나는 '목회 컨설턴트 자격' 취득을 위해, 시카고 Yellow yoke 연구소에서 집중 훈련 과정으로 자격을 취득하였다. 더 나아가 성균관대학교 경영대학원의 경영 컨설턴트 과정(MCC, Management Consultant Course)을 수료하여 경영 컨설턴트 자격을 취득하였다. 경영 컨설팅 수행방법과 전략 수립과정을 배우면서 이것을 목회와 교회 컨설팅에 접목하고 적용하였다.

또한 국가공인 글로벌 비즈니스 컨설턴트 자격을 취득하고(KOTRA에서 주관하였고, 현재 국가공인자격을 위한 심의에 있다), 국제공인이 필요하여 CMC(Certified Management Consultant) 국제공인자격 컨설턴트가 되었다.

이러한 자격과 경험을 바탕으로 20여 년간 교회 컨설팅을 수행해 왔는데, 이것을 이론화하고 체계적으로 학문화하기 위해 지식 서비스 컨설팅 과정(Ph.D.)을 익히고 있다. 컨설턴트는 배우는 사람이라는 확신으로 나는 오늘도 배움을 지속하고 있다.

성경 속에서는 지금의 목회 컨설턴트의 모습을 찾아볼 수 없을까? 아마도 첫 등장은 르호보암 왕이 솔로몬의 생전에 그 앞에 모셨던 노인들에게 의견을 구하는 것에서 볼 수 있을 것이다.

"르호보암 왕이 그의 아버지 솔로몬의 생전에 그 앞에 모셨던 노인들과 의논하여 이르되 너희는 어떻게 충고하여 이 백성에게 대답하게 하겠느냐"(왕상 12:6).

이렇게 왕은 의뢰하였다. 그러나 르호보암은 "노인들이 자문하는 것을 버리고 자기 앞에 모셔 있는 자기와 함께 자라난 어린 사람들과 의논하여" 그 백성을 치리治理하였다. 자문역할의 중요성은 여기서도 볼 수 있다.

솔로몬 앞에 모셨던 노인들의 자문역할, 나는 이 말씀에서 목회 컨설턴트의 역할을 확고히 바라본다. 솔로몬 앞에 모셨던 노인들은 왕의 자문단이었다. 교회로 말하면 교회 자문역할을 한 사람들이 있었다는 것이다.

목회 컨설턴트, 이들은 목회자의 자문역할을 하는 전문가이다. 한국교회의 건강한 성장을 위하여, 교회의 영적 지도자들에게 교회 정책과 목회 전반에 대한 자문을 줄 수 있는 목회 컨설턴트와의 협력과 동역은 반드시 필요하다.

기업에서는 경영 컨설팅, 기술 컨설팅, 전략 컨설팅들의 활동이 활발하다. 최근에는 공인회계사, 변리사, 기술사, 기술 거래사 등과 같은 전문인력이 컨설팅 분야에서 업무를 맡고 있다. 이제 교회도 목회 전반, 예배, 교육, 프로그램, 담임목사 청빙 관련, 기타 교회 현안들에 대한 전문 컨설턴트가 세워지고 더욱 세분화되어, 교회와 목회 사역을 돕고 교회의 당면 문제들을 해결해 가야 할 것이다.

2) 목회 컨설턴트에게 요구되는 사역 윤리

컨설팅 수행 과정상 교회의 주요한 기밀 사항 또는 누설되면 안 되는 현안을 취급할 수밖에 없다. 따라서 컨설턴트는 기밀 유지는 물론이거니와 문제해결을 위한 최상의 성과를 도출하기 위해 최선을 다하는 사역 수행의 자세가 필수이다.

그러므로 목회 컨설턴트의 기본적인 윤리 규정은 다음과 같다.

- 교회의 정보는 교회 측의 허락이 없이는 절대 비밀로 한다.
- 허위나 사실의 과장이 있어서는 안 된다.
- 교회의 정량과 정성 분석 데이터를 공개적으로 노출해서는 안 된다. 만약 사용할 경우는 그 교회로부터 사전 승낙을 반드시 받아야 한다.
- 프로젝트 수행범위는 계약 준거에 따라 지켜야 한다.
- 교회 내 컨설팅 프로젝트 테스크 포스팀(TFT, Task Force Team)과 긴밀하게 협력해야 한다.
- 모든 수행 사역에 최선을 다하는 성실한 자세를 가져야 한다.
- 교회의 인사문제에는 방향만 제시해야 하며 어떤 경우에라도 개입은 안 된다. 심지어 담임목사 청빙 관련 컨설팅 수행 시, 진

행 과정만 교회에 제시하고 어떤 경우라도 인사를 추천하는 등 관여해서는 안 된다.

이와 같은 기본적 윤리 규정을 계약서에 명시하는 것도 매우 좋은 방법이 될 것이다.

3) 컨설팅 프로젝트의 프로세스 이해

한국산업규격(KSA 0977-1)에 명시된 규정을 보면 컨설팅은 해당 분야에 대한 전문지식, 정보, 경험을 보유한 컨설턴트가 독립적이고 객관적인 태도로 고객이 당면한 경영상의 과제들을 분석하고 해결방안을 제시하며 그 실행과정을 자문하는 행위라고 정의되어 있다.

(1) 터너(Turner)의 프로세스[26]

정보제공 ⇒ 문제해결 ⇒ 진단 ⇒ 진단에 대한 제언 ⇒ 제언 이행을 위한 지원 ⇒ 변화관리 ⇒ 고객의 학습촉진 ⇒ 지속적인 조직의

---

[26] Turner, A.N.(1982), "Consulting is more than giving advice", Harvard Business Review, Vol 60 No 5, pp. 120-129.

효과성 향상

(2) 조민호, 설증웅[27]

착수 ⇒ 진단 ⇒ 실행계획 수립 ⇒ 실행 및 종료

그에 의하면, "변화관리와 프로젝트 관리는 전 과정에 걸쳐 일어나는 기반으로 이루어진다"라고 하였다.

(3) ILO 모델: 국제노동기구 방법론[28]

착수^{Entry} ⇒ 진단^{Diagnosis} ⇒ 계획^{plan} ⇒ 구현^{Implementation} ⇒ 종료^{Termination}

'착수'는 프로젝트 진행 주체와 실사용자의 만남을 통해 예비 진단이 이루어지는 단계로 예비문제진단 프로젝트 수행 수립 및 제안 등이 이루어지고, '진단'은 조직이 당면한 문제를 규명하고 이를 해결하기 위해 수집해야 할 정보를 모으고 그 정보를 토대로 현상을 분

---

27) 조민호, 설증웅, 《컨설팅 프로세스》 (서울: 새로운 제안, 2006), p. 55.
28) 이지은, 서창석, 김승철, "컨설턴트 역량모델에 관한 연구", 《한국경영학회 통합학술발표논문집》 (2010/8), pp. 253-274.

석하며, '계획' 단계에서는 진단단계에서 도출한 문제점을 해결하기 위한 마스터플랜과 액션플랜을 구축하게 된다.

'구현' 단계는 수립된 계획을 이행하는 단계인데 사실상 컨설팅에서 구현은 내부에서 이행하거나 별도의 프로젝트로 운영된다.

마지막으로 '종료' 단계는 프로젝트 결과에 대해 의사결정권자의 승인을 득하는 단계로 보고서 작성 및 프레젠테이션, 승인획득, 유지보수계획이 수립된다.

컨설팅 프로세스

사전작업	착수	분석 및 진단	마스터플랜 구축	종료
·접촉 ·프로젝트 쿠킹	·RFP 작성 ·PT 실시 ·협상 및 계약 체결 ·모빌라이징	·자료 수집 ·분석 ·문제점 도출 ·피드백	·전략 수립 ·모델 수립 ·대안 평가 ·자원계획 수립	·보고(제안) 및 지지 획득 ·변화관리 및 모니터링

이러한 프로세스를 수행하기 위하여 컨설턴트는 어떤 역량을 구축해야 하는가?

4) 컨설턴트의 역량

교회는 컨설팅 전문기관을 선정할 때 컨설턴트의 역량을 반드시 평가해야 한다. '시니어 컨설턴트'와 '협력 컨설턴트'에 대한 역량 평가가 필요하다는 것이다. 왜냐하면, 교회 컨설팅은 당면과제를 해결할 뿐 아니라, 향후 교회 사역에 대한 통찰을 제시하는 사역이기 때문이다. 아울러 교회의 다양한 구성원들의 이해관계를 고려하는 통전성, 그리고 지역에서 그 교회의 사명과 비전을 발견하는 전문성이 요구되기 때문이다.

컨설팅 자체로 충분할 수는 없다. 하나님의 교회인 우리 교회가 이 지역에서 어떤 모습으로, 어떤 역할로 세워져야 하는지 제안받는 매우 중요한 사역이기에 수행자의 역량이 중요한 것이다. 역량이란, '사역의 탁월한 성과를 내기 위해 결정적으로 작용하는 요소'로, 능력과는 다른 개념이다. 능력이란, 다분히 '선천적인 혹은 학습을 통해 형성되는 일종의 재능'이기 때문이다. 다시 말해, 결과를 창출할 수 있는 힘을 '역량'이라 한다.[29]

그럼 이제 교회 컨설턴트에게 요구되는 역량을 상세히 살펴보자.

---

29) 역량과 능력에 따른 세분화 내용은 저자의 책, 《리더십의 18가지 역량》 (목회컨설팅연구소, 2009)를 참조하라.

일반경영에서는 대부분의 조직들이 갖는 특정 업무를 성공적으로 수행하기 위한 필수 능력을 반영하는 지표로 역량을 규정하고 있다. 역량이란 앞서 언급하였지만 고성과를 창출한 사람으로부터 일관되게 나타나는 행동특성을 의미한다. 많은 선행 연구로부터 정리한 컨설턴트의 역량군을 정리한 내용은 다음의 표와 같다.[30]

선행연구를 통해 도출된 컨설턴트 역량군

No.	Core Competency	관련 연구
1	고객사에 대한 이해	박명구(2004), 박소현과 이국희(2009), Appelbaum and Steed(2005), Bassellier and Benbasat(2004)
2	전문지식	김광용 외(2008), 박명구(2004), 박소현과 이국희(2009), 윤성환(2008), 한국경영기술컨설턴트협회(2007), Appelbaum and Steed(2005), Bassellier and Benbasat(2004), Joshi and Kuhn(2007), Spencer and Spencer(1993), Todd et al.(1995)
3	컨설팅 경험 지식	김광용 외(2008), 윤성환(2008),
4	문제 분석력	김광용 외(2008), 박소현과 이국희(2009), 윤성환(2008), 한국경영기술컨설턴트협회(2007), Deloitte(2008), Spencer and Spencer (1993)
5	문제해결 능력	김광용 외(2008), Deloitte(2008), 박명구(2004), 박소현과 이국희(2009), 윤성환(2008), 한국경영기술컨설턴트협회(2007), Joshi and Kuhn(2007), Spencer and Spencer(1993), Todd et al.(1995)
6	네트워킹 능력	김광용 외(2008), 박소현과 이국희(2009), 윤성환(2008), 한국경영기술컨설턴트협회(2007), Bassellier and Benbasat(2004), Deloitte(2008), Joshi and Kuhn(2007), Spencer and Spencer(1993)
7	프로젝트 관리 능력	김광용 외(2008), 박명구(2004), 박소현과 이국희(2009), 윤성환(2008), Deloitte(2008), Joshi and Kuhn(2007), Todd et al.(1995)

---

[30] 이지은, 서창석, 김승철, "컨설턴트 역량모델에 관한 연구", 《한국경영학회 통합학술발표논문집》(2010/8), pp. 258-260.

No.	Core Competency	관련 연구
8	문서작성 능력	박소현과 이국희(2009), Deloitte(2008)
9	고객관계 관리	김광용 외(2008), 박소현과 이국희(2009), Deloitte(2008), Joshi and Kuhn(2007), Todd et al.(1995)
10	의사소통 능력	박명구(2004), 박소현과 이국희(2009), 윤성환(2008), Appelbaum and Steed(2005), Bassellier and Benbasat(2004), Deloitte(2008), Joshi and Kuhn(2007)
11	코칭과 임파워먼트	박명구(2004), 한국경영기술컨설턴트협회(2007), Joshi and Kuhn(2007), Spencer and Spencer(1993)
12	변화 탐지력	윤성환(2008), 한국경영기술컨설턴트협회(2007), Joshi and Kuhn(2007)
13	리더십	박소현과 이국희(2009), 윤성환(2008), 한국경영기술컨설턴트협회(2007), Bassellier and Benbasat(2004), Joshi and Kuhn(2007), Spencer and Spencer(1993)
14	팀워크	박소현과 이국희(2009), 한국경영기술컨설턴트협회(2007), Deloitte(2008), Spencer and Spencer(1993)
15	전문가적 기질	박명구(2004), 한국경영기술컨설턴트협회(2007), Deloitte(2008), Joshi and Kuhn(2007)
16	자기 개발	박소현과 이국희(2009), Joshi and Kuhn(2007)
17	고객지향성	박명구(2004), 한국경영기술컨설턴트협회(2007), Joshi and Kuhn(2007), Margolis(1985), Spencer and Spencer(1993)
18	자기 통제력	박소현과 이국희(2009), 한국경영기술컨설턴트협회(2007), Deloitte(2008), Joshi and Kuhn(2007), Spencer and Spencer(1993)
19	직업윤리	김광용 외(2008), 윤성환(2008), Margolis(1985)
20	책임감	김광용 외(2008), 박소현과 이국희(2009), 윤성환(2008)

위의 '핵심 역량군'을 지표로 '자가평가 리스트'를 만들어 보라. 컨설팅을 의뢰하는 교회에서도 이러한 역량지표를 따라 컨설팅 기관을 선정해도 바람직할 것이다.

Likert Scale(리커트 척도)

Strongly Disagree 전혀 아님	Disagree 아님	Undecided 어느 쪽도 아님	Agree 그렇다	Strongly Agree 매우그렇다
1	2	3	4	5

No.	역량 평가 지표	기관 A					기관 B					기관 C				
		1	2	3	4	5	1	2	3	4	5	1	2	3	4	5
1	교회에 대한 이해	①	②	③	④	⑤	①	②	③	④	⑤	①	②	③	④	⑤
2	전문지식	①	②	③	④	⑤	①	②	③	④	⑤	①	②	③	④	⑤
3	컨설팅 경험 지식	①	②	③	④	⑤	①	②	③	④	⑤	①	②	③	④	⑤
4	문제 분석력	①	②	③	④	⑤	①	②	③	④	⑤	①	②	③	④	⑤
5	문제해결 능력	①	②	③	④	⑤	①	②	③	④	⑤	①	②	③	④	⑤
6	네트워킹 능력	①	②	③	④	⑤	①	②	③	④	⑤	①	②	③	④	⑤
7	프로젝트 관리 능력	①	②	③	④	⑤	①	②	③	④	⑤	①	②	③	④	⑤
8	문서작성 능력	①	②	③	④	⑤	①	②	③	④	⑤	①	②	③	④	⑤
9	고객관계 관리	①	②	③	④	⑤	①	②	③	④	⑤	①	②	③	④	⑤
⋮	⋮															
20	책임감	①	②	③	④	⑤	①	②	③	④	⑤	①	②	③	④	⑤
	총 점															

위와 같은 일반적인 컨설턴트에게 나타나야 하는 역량군 외에 실제 컨설팅 사역을 수행함에 있어서 그 직무에 요구되는 전문적인 역량이 있어야 한다. 직무란 조직 구성원이 자신에게 부여된 역할을 이행하기 위해 수행하는 일을 말하며, 인사 및 조직관리의 기초를 세우기 위해 직무 내용을 분석하는 일을 직무분석이라고 한다. 이러한 직무분석역량이 필요한 이유는 교회 컨설팅의 과업을 수행함에 있어서 필요로 하는 지식, 스킬, 태도, 능력 등이 반드시 있어야 하기 때문이다. 컨설턴트에게 요구되는 역량기준은 다음의 표와 같다.[31]

---

31) 이지은, 서창석, 김승철, "컨설턴트 역량모델에 관한 연구," 《한국경영학회 통합학술발표논문집》 (2010/8), pp. 262-263.

컨설턴트 역량사전

대분류	No	역량	정의	세부 역량
직무역량	1	전문지식	컨설팅 수행에 필요한 각종 전문지식의 습득 정도 (컨설팅 방법은, 경영 일반, 산업 정보, 통계분석 등)	• 경영관련 지식 및 비즈니스 상식 • 컨설팅 관련 전문지식 및 스킬 • 시대를 앞서 가는 감각 및 선견지명 능력 • 산업별 베스트 프랙티스 파악
직무역량	2	분석 및 대안제시 능력	고객사가 당면한 문제점 및 문제의 근원을 도출하고 이에 대한 대안을 제시하는 능력	• 데이터 분석 능력 • 현상 진단 능력 • 핵심 이유 및 문제점 도출 능력 • 문제 구조화 능력 • 문제에 대한 해결방안 및 대안 제시 능력
직무역량	3	정보수집 능력	단편적인 정보를 종합하여 문제점을 도출하거나 전체 맥락에서 문제를 파악하는 능력	• 가설설정 능력 • 논리적 사고 능력 • 단편적인 정보의 종합 능력 • 선택 상황에서 올바른 판단 능력 • 통찰력 및 추론 능력
직무역량	4	정보수집 능력	컨설팅 수행에 필요한 각종 정보 및 솔루션 조달 능력	• 정보에 대한 정확한 판단 능력 • 영향력 있는 인적 네트워크 보유 • 공식적/비공식적 채널을 통한 정보수집 능력 • 정보감식 능력
직무역량	5	문서작성 능력	프로젝트 착수, 진행, 결과보고 단계에서 필요하거나 산출되는 유의미한 정보들을 효과적으로 문서화하는 능력	• 정보 구조화 능력 • S/W를 이용한 문서작성 능력 • 논리적인 글쓰기 능력
직무역량	6	커뮤니케이션 능력	고객사 및 내/외부 구성원들과 효과적인 커뮤니케이션을 위한 언어적(verbal) 능력	• 명확한 의사표현 및 전달 능력 • 타인 이야기를 경청하는 자세 • 효과적인 프레젠테이션 스킬 • 효과적인 인터뷰 스킬 • 타인을 이해/설득시키는 능력
공통역량	1	고객지향성	타당한 범위 내에서 고객사 요구를 수용하고 그들의 요구를 충족시키고자 노력하는 자세	• 고객 중심적 마인드 • 고객에 대한 헌신, 관용, 이해 • 역지사지의 입장 견지 • 고객사가 지향하는 가치와 규범을 준수하려는 자세
공통역량	2	성취지향성	목표달성을 위해 노력하고 도전하는 강한 의지와 자세	• 목표달성에 대한 강한 동기 • 성취 지향적 태도 • 최고를 추구하는 자세 • 도전과 발전을 추구하는 자세 • 추진력
공통역량	3	전문가 품위 유지 (이미지 관리)	고객에게 신뢰와 호감을 줄 수 있는 언행 및 태도	• 품격 있는 언행 유지 • 공손하고 예의바른 태도 유지 • 전문가다운 느낌과 호감을 주는 외모 및 복장 유지

대분류	No	역량	정의	세부 역량
공통역량	4	자신감	컨설팅 목표를 달성할 수 있다는 강한 믿음과 스스로에 대한 확신	• 자신의 역량에 대한 확신 • 자기 주도적 업무 처리 • 적극적으로 Risk-Taking 자세 • 상대방의 직급에 관계 없이 적극적으로 의견을 개진하는 자세
	5	자기 통제력	어떠한 상황에서도 자신을 통제할 수 있는 능력과 일관성 있는 태도 및 자세	• 일관성 있는 태도 유지 • 침착하고 객관적인 태도 유지 • 신체적, 정신적 건강 유지 • 스트레스 상황에서도 감정적으로 행동하지 않음

	6	직업 윤리 (컨설팅 윤리)	컨설턴트로서 반드시 지켜야 할 도덕적 책무 및 윤리강령 준수	• 업무영역과 범위를 준수하여 컨설팅을 수행하는 자세
				• 외압이나 편견에 상관 없이 결론을 도출하는 자세
				• 사실에 근거해서 YES, NO를 분명히 말하는 자세
				• 하지 말아야 할 것에 대한 금지
				  - 클라이언트의 비밀 유지
				  - 허위결과 제시 및 과장 금지
				  - 부당한 대가요구 금지

관리역량	1	추진력	계약기간 내 합의된 서비스를 이행하기 위해 프로젝트를 관리하고 추진하는 능력	• 주어진 직무를 철저히 수행 • 불확실성을 제거하고 난관을 뚫는 능력 • 타인에게 자신의 뜻을 따르도록 영향력을 행사하는 능력 • 일정 관리 능력
	2	팀워크 능력	프로젝트 조직의 시너지 창출 및 원활한 조직운영을 위한 조직 관리 능력	• 팀 활동에 헌신하는 자세 • 팀원과 적극 협력하려는 자세 • 팀원과의 원활한 소통 능력 • 팀 내부에 문제발생시 원활하게 해결할 수 있는 능력
	3	관계 구축 능력	고객사의 적극적인 지원과 지지, 중요한 정보를 획득하기 위해 고객사와 긍정적인 관계를 형성하는 능력	• 신뢰관계 구축 능력 • 원만한 대인관계를 형성하는 능력 • 타인을 존경하는 태도 • 타인의 지지와 호감을 얻어내는 능력
	4	코칭 및 임파워 먼트 능력	팀원(내부/외부)들이 주어진 임무와 역할을 잘 이행할 수 있도록 지도하고 동기부여하는 능력	• 팀원에 대한 관용과 관심 표출 • 팀원에 대한 믿음과 권한 위임(임파워먼트) • 코칭 능력 • 타인의 잠재능력을 발굴하여 개발시키려는 태도

컨설팅 수행에 필요한 역량을 이와 같이 최대한 집약하였다. 하나님이 세우신 교회가 건강하게 성숙하고 성장하기 위해서는 물론 담임목사와 당회원, 그리고 전 교인의 섬김과 헌신이 반드시 전제되어야 한다. 그리고 교회의 본질적인 요소를 투명하게 조명해야 한다. 믿음의 순수성, 진실성, 그리고 지역에 복음을 전파하여 구원받는 백성이 나날이 늘어나게 하는 것이다.

교회가 스스로 객관화하고 투명성을 확보하기란 쉬운 일이 아니다. 그러나 어떤 공동체이든 그 교회가 지속 성장하기 위해서는 다음 그림과 같은 3가지 균형의 영역이 있어야 한다.[32]

사역 공동체를 향한 Edge 전략

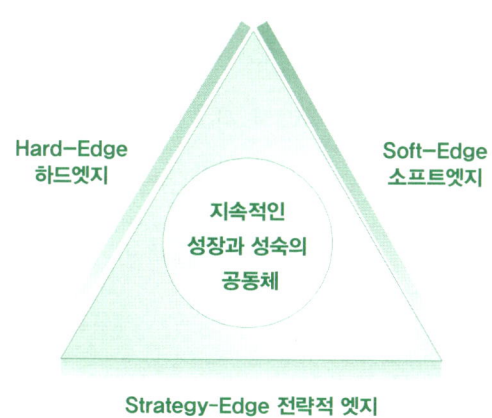

---

32) 출처: 목회컨설팅연구소 컨설팅 툴킷 모음집

교인들의 성장과 성숙을 위한 소프트엣지, 교회 건물과 같은 하드엣지, 그리고 이 모든 것을 도모하는 지혜의 전략적 엣지를 갖추어 균형잡힌 교회 성장, 지속적인 성숙을 도모하는 '그 지역에 반드시 있어야만 하는 교회'로 서야 한다.[33]

5) 전략적 사고

전략적 사고란 과업 수행 목표를 명확하게 인식하고 그것을 달성하기 위한 최선의 방안을 찾고자 하는 것으로, 대응해야 하는 대상과 그 특성이 무엇인지를 올바로 파악한 후에 본인의 특성을 고려하여 가능한 대안들을 탐색하여 그중에서 최선의 방안을 선택하는 사고를 의미한다.[34]

컨설턴트에게 요구되는 전략적 사고는 어느 한 가지의 사고능력으로 특성화된 것이 아니라 논리력, 창조력, 분석력, 통합력을 동시에 가져야 한다. 나는 이것을 통전성이라고 한다.

통전성이란 전체를 통합하는 능력으로 규정할 수 있는데, 통전적

---

33) 김성진, 《Church-Mapping》 (목회컨설팅연구소, 2010).
34) 방용성, 주윤황, 《컨설팅 방법론》 (파주: 학현사, 2015), p. 31.

사고는 어느 한편으로 편협되지 않는 사고로, 다양한 관점으로 사물을 조망하는 능력이라고 할 수 있다. 특히 교회 컨설팅은 유기체인 주님의 몸이기에 의사가 환자를 돌보듯 해야 한다. 사람들이 종합병원을 선호하는 이유 중 하나가 자신의 몸을 종합적으로 검진 받을 수 있기 때문인 것과 마찬가지로, 교회 컨설팅을 수행하는 컨설턴트는 통전적 시각과 관점을 지녀야 한다.

통전적 사고

논리력과 분석력은 수행과제를 정확하게 파악하기 위한 과제의 관찰과 그룹핑 등의 문제를 구조적으로 이해하기 위한 단계에서 필요하며, 창조력은 과제의 원인과 이슈를 도출하는 단계에서 필요하다. 총체

적으로 결과를 도출하는 단계에서는 분석력과 통합력의 중요성이 커질 것이다. 각 단계별 요구되는 전략적 사고는 다음의 그림과 같다.[35]

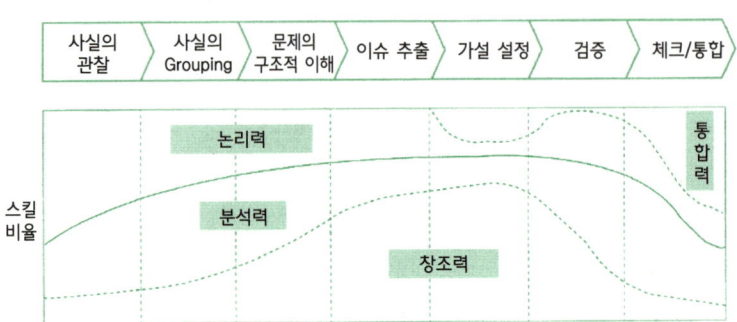

6) 교회의 방향성을 이끈다

교회 방향성에 대한 그릇된 의사결정으로 인해 교회는 혼란에 빠질 수 있다. 미래의 불확실성 속에서 체계적, 논리적, 객관적 분석을 통해 교회의 방향을 확인하고, 결정된 교회의 이미지(방향성 혹은 비전)를 따라 사역을 추진해 나갈 때 전략적 사고는 교회 사역 정책 결정에 매우 중요한 요인이 된다. 그래서 통전적 시각과 관점이 다시 부각되며, 전략은 모호성을 배제한다. 예를 들면 다음과 같다.

---

35) 방용성, 주윤황, 《컨설팅 방법론》 (파주: 학현사, 2015), p. 32.

"건강한 교회로 나아가십시오", "전도하는 교회가 되어야 합니다", "팀을 만드십시오"와 같은 결론 도출은 전략적인 제안이 절대로 아니다. 이러한 결론은 도리어 컨설팅의 무용론을 형성하게 된다. 전략적 컨설팅은 명확하고 구체적이며, 방법론이다.

먼저, 제시된 결론을 '어떻게 이룰 것인가?'에 대해 구체적인 방안을 제시해야 한다.

둘째, '구조의 메커니즘mechanism을 확인하는가?'에 있다. 진행되고 있는 사역의 구조와 메커니즘, 즉 원인과 결과를 찾아냄과 동시에 미래 사역 방향성을 명확하게 찾아내어야 한다. 결정적 단초를 찾는 것이다. 문제의 원인을 찾아 문제점을 발견하는 것인데, 문제점은 곧 해결점이 되기 때문이다. 대부분의 교회 문제는 교회가 추구하는 이상과 현실 사이의 갭gap에 있다.

컨설팅은 이러한 간격gap의 원인을 찾고 그것을 해결하기 위한 대안을 제시하는 사역이다.

셋째, 제시된 결론을 과연 '실행할 수 있는가?'이다. 물론 컨설팅보고서의 제안을 100% 수용하여 실행할 수는 없다. 그러나 도출된 결론의 실행 가능성이 낮다면 그 제안은 의미 없는 것이다. 그래서 전략에 준거한 실행지침을 명확하게 제시해야 한다. 실행지침은 우선순위가 있어야 하며, 각 단계에 따른 구체적인 변화가 명시되어야 한다. 물론 실행 가능한 지침이 되어야 한다고 해서, 리스크를 감수하지 말라는 뜻은 아니다. 위험부담이 있는 과감한 전략일지라도 그것을 이루기 위한 단계적 실행지침을 반드시 제시해야 한다.

컨설팅의 핵심은 교회가 나아갈 방향을 찾는 것이며, 전략적 사고를 지닌 컨설턴트의 객관적인 분석을 통한 교회의 방향성이 되어야한다는 것이다. 목적지 없는 여행이나 방향 없는 항해는 무의미하고 시간과 에너지의 낭비에 불과하다. 목회정책은 방향성이고, 목회란 방향을 향해 교인들과 하나 되어 나아가는 것이다. 그러기에 교회의 방향성(비전 혹은 이미지)을 찾기 위한 컨설팅은 반드시 필요하다.

"우리 교회의 방향성이 무엇인가?"

누군가가 당신의 교회의 방향성을 묻는다면, 이 질문에 30초 내에 설명할 수 있어야 한다. 이것을 엘리베이터 테스트라고 하는데, 누군가와 같이 엘리베이터를 타고 내려가는 동안 우리 교회의 방향성을 말할 수 있어야 한다는 의미이다. 교회의 담임목사뿐 아니라 모든 교인이 한결같이 그러해야 한다. 그래서 모두가 공유하고 공감하며 나갈 수 있는 교회 방향성을 찾아야 한다. 이를 위해 교회 컨설팅이 필요한 것이다.

그런데 이러한 질문도 받을 수 있다. "그렇다면 이러한 컨설팅의 개념 이해와 전략적 사고구조를 가지고 교회 자체에서 컨설팅을 진행하면 되지 않느냐?" 물론 가능하다. 그렇게 진행하는 교회들도 많다. 그러나 교회 자체의 컨설팅이 올바르게 수행되지 못하는 이유는 교회 컨설팅을 구성하는 요소에 근거하여 타당성과 공정성이 결여될 수 있기 때문이다. 더욱이 우려되는 것은 교회 내 독자적인 컨설팅 진행은 그 주체가 평신도일 가능성이 높다는 것이다.

평신도 중심의 컨설팅은 목회적 대안을 주로 제시하기보다, 현재의 교회 상황을 데이터화하고 보편적인 교회 지표에 따라 자신들만의 신앙과 철학, 신념에 준한 결론을 맺게 될 가능성이 매우 농후하다. 평신도의 관점과 목회자의 관점은 다르다. 포괄적 목회와 신학, 그리고 미래 교회의 방향과 한국교회 전반의 목회 흐름을 알기 어렵다. 단지 자신의 경험과 인터넷에서 찾은 정보와 자료, 소문난 교회의 현황을 찾아 자신이 섬기는 교회의 장단점을 규명할 가능성이 매우 높다. 극단적으로는 교회분쟁의 요소가 될 수 있다. 더욱이 컨설팅의 대안을 목회자들이 취합하지 않거나 수용하지 않을 경우, 거부당한 것에 대한 부작용을 충분히 고려해 보아야 한다. 실제로 그러한 사례도 쉽게 찾을 수 있다.

IBM에 100만 달러의 손실을 입힌 사람

　IBM의 설립자 토마스 왓슨(Thomas Watson)은 새로 승진한 부사장이 첫 번째 과제에서 실패하고 이로 인해 회사에 100만 달러(현재 가치로 환산하면 1,000만 달러 혹은 2,000만 달러가 된다)의 손실을 입히자 그를 자기 사무실로 호출했다.

　젊은 부사장은 최악의 상황에 대비한 마음의 준비를 한 후, IBM 회장에게 보고하기 위해 사무실로 향했다. 그는 왓슨의 사무실로 들어오면서 "해고 소식을 전하려고 저를 부르셨습니까?"라고 말했다. 왓슨은 "당신을 해고한다고? 최근에 우리는 당신을 교육하는 데만 100만 달러를 투자했다고"라고 외쳤다. 아마 드러커가 들었으면 박수를 쳤을 것이다.

- 윌리엄 코헨, 《피터 드러커 경영컨설팅》 발췌

7.
목회전략 컨설팅

1) 목회전략이란?

목회를 수행하는 데 지혜롭게 사역을 하는 것을 의미한다. 또 다른 의미로는 체계적이고 단계적으로 수행하는 것을 의미한다. '교회 컨설팅'은 더 정확히 말하자면 '목회전략 컨설팅'이다. 전략은 군사학에서 사용하는 용어이다. 이것이 경영전략으로 도입되었다. 목회에도 전략이 필요함을 역설할 때 부분적으로 저항을 받기도 했다.

한국교회에 '교회 성장'이라는 용어를 가지고 연구소를 시작했던 한 목사님이 전략에 대한 정의를 이렇게 내렸다. "하나님은 최고의 전략가이시다." 전략은 지혜의 또 다른 말이다. 전략적이어야 한다는 세상의 언어는 지혜의 또 다른 표현임을 역설하였다. 100% 공감

한다. 지혜롭게 사역해야 한다. 이 말을 다르게 표현하면 전략적으로 목회사역을 펼쳐야 한다고 할 수 있다.

경영전략은 실무적 의미로 3가지를 말한다.[36]

- 기업의 장기적 생존과 성장 방향 및 이를 달성하기 위한 중장기 계획
- 현재의 시장경쟁에서 이기기 위해 필요한 경쟁력의 확보 및 유지, 그리고 확보된 경쟁력의 운용 방법에 대한 계획
- 경영개선 및 혁신을 통한 기업의 체질 강화 계획

여기서 중요한 것은 전략이라는 것은 선택적 계획이라는 것이다. 선택할 수 없는 본질적인 것은 전략이 될 수 없다는 의미도 된다. 목회전략은 무엇을 선택할 것인가? 다시 말해 우리 교회의 정황에 가장 적합한 사역이 무엇인가를 고려하여 선택하는 것이다. 그러므로 목회전략은 다음과 같이 정의할 수 있다.

---

36) 서기만, 《경영전략 이렇게 세워라》 (서울: 청림출판, 2002), p. 14.

목회전략	교회 존재적 가치
↓	↓

- 교회의 성장과 성숙을 위한 중장기계획
- 현재 상황 극복을 위한 대안책
- 교회에 적합한 혁신계획

- 교회의 궁극적 가치 결정
- 지역에서의 영향력 강화
- 교회의 방향성 결정

2) 목회전략의 3가지

교회에서 성장을 말하면 반발이 있을 수 있지만 성경말씀을 보면 "하나님을 찬미하며 또 온 백성에게 칭송을 받으니 주께서 구원받은 사람을 날마다 더하게 하시니라"(행 2:47)라고 기록되어 있다. 그러므로 교회는 성숙과 더불어 성장을 이루어 가야 한다. 경쟁이라는 용어를 사용하고 싶지 않지만, 이미 경쟁이라는 용어를 거부하지 못할 만큼 인근 교회와의 경쟁 아닌 경쟁에서 승리하기 위한 경쟁전략도 요구된다. 나는 경쟁전략이 아닌 '차별화 전략'이라 부른다. 동일 지역에 세워진 모든 교회가 지역 교회라는 지체의식으로 동반 성장하는 것이 성경적이기 때문이다. 목회전략에는 3가지가 있다.

(1) 성장전략

교회 성장전략은 교회의 장기적인 성장목표와 그 목표를 이루기 위한 성장계획이 요구된다. 계획이 없는 목표는 있을 수 없다. 장기적인 교회 성장목표 설정은 교회가 앞으로 어떤 사역을 하며, 어떤 이미지를 갖는 교회가 될 것인지를 세우는 것이다. 우리 교회가 어느 정도의 규모까지 성장할 것인지를 가늠할 수 있어야 하며, 어떤 교회로 그 지역에 자리매김할 것인지 전략적 체계를 세우는 것이다. 이러한 목표를 이루기 위해 어떤 자원이 필요하며, 그 자원은 어떻게 확보할 것인지 전략을 수립해야 한다.

(2) 차별화 전략

교회 경쟁력은 주변 교회와의 차별화 전략을 세우는 것이다. 경쟁상대로서가 아닌 지체로서 의식을 더욱 강화해야 한다. 인근 교회와 동일한 역할의 지체로 존재할 수도 있지만, 실상은 다른 역할(비전)을 감당하는 지체 교회로 세워 가는 것이 바람직하다. 그러기 위해서는 다음과 같은 사항에 대한 전략적 접근이 필요하다.

차별화 전략	⇒	차별화된 교회
▶ 어떤 교회의 기능에서 차별화를 도모할 것인가? ▶ 어떻게 차별화할 것인가? ▶ 차별화된 사역을 어떻게 지속 가능하게 할 것인가? ▶ 차별화를 강화할 방안은 무엇인가?		지역 교회에서의 지체의식

(3) 목회환경 혁신전략

왜 목회환경 혁신전략이라고 하는가? 교회 내부적인 환경이 잘 조성되어야 효율적이고 효과적인 사역이 이뤄질 수 있기 때문이다. 프로그램 그 자체의 실효성이 아니라 사역을 둘러싼 환경이 좋아야 세부적인 프로그램 운영, 예배 및 교회의 기능이 원활하게 발휘되고 역동적인 사역을 펼칠 수 있다.

예를 들면, 다음과 같은 사례가 이해에 도움이 될 것이다.

어느 교회에서 신임 담임목사를 청빙하였다. 낯선 교회 환경을 파악하고 소신껏 목회의 비전을 이루기 위해 2년간 당회를 거치지 않고 임의적으로 목회할 수 있는 환경을 마련해 주었다. 그 이유는 행여 당회가 목회사역의 환경에 걸림돌이나 장애물이 되지 않아야 겠다는 당회원들의 결의였다.

이러한 것을 환경 혁신이라고 한다. 그렇다면 어떤 영역들에서 환경 혁신을 이룰 수 있는가?

3) 핵심역량 강화

핵심역량이란 주변 교회와 차별화를 이루는 그 교회만의 독특한 역량을 의미한다. 현존하는 모든 교회는 그 교회만의 독특한 특성과 역량이 잠재되어 있다. 이와 같이 미래에도 그 핵심역량으로 교회는 지속 성장할 것이다. 그렇기에 역량의 강화가 결국 교회의 성장 동력이 된다. 그리고 그 교회만의 사역 프로그램, 하드웨어와 소프트웨어, 인적 구성과 외부환경요인, 훈련방식과 담임목사의 역량 등이 교회의 핵심역량이 된다.

핵심역량은 다음의 조건을 충족해야 한다.

첫째, 주변의 교회와 차별화되어야 한다.
둘째, 누군가에게 쉽게 모방이 불가능해야 한다.
셋째, 교회의 본질적 가치와 의미가 있어야 한다.
넷째, 담임목사의 강점과 부합되어야 한다.
다섯째, 지속적으로 축적되고 강화되어 교회만의 브랜드가 되도록 전문화되어야 한다.

교회 혁신은 교회의 핵심역량 강화이며, 컨설팅의 최대 포인트는 그 교회만의 핵심역량을 찾는 것이다. 바람직한 목회는 그 교회만의 핵심역량이 교회 사역의 중심이 되어, 그 사역의 본질이 교회의 모든 조직과 모임에 깊이 뿌리내려야 한다. 목회전략은 모든 교회 구성원들이 핵심역량을 통한 훈련과 참여를 통해 사역이 진행되고, 일정 기간마다 역량 최적화의 평가를 도모하는 것이다. 그것을 모니터링하여 개선사항을 수정하게 하고, 다시 수정된 사역의 프로세스를 통해 선순환하여 수행하게 한다.

교회 컨설팅은 목회전략을 세우는 과정이다. 전략이 없는 목회는 방향을 잃은 배와 같다. 전략은 우리 교회가 나아갈 지도이다. 사역을 시작하기 전, 교회의 사역 지도를 그려야 한다. 핵심역량은 우리 교회가 방향을 따라 추진할 때 어떤 에너지로, 어떤 교통편으로 갈 것인지를 결정하는 것과 같다.

8.
교회 컨설팅의 영역

교회 컨설팅은 교회 전반적인 사역을 진단하고 분석하며, 그에 적합한 대안을 제시하는 일련의 과정으로 수행된다. 교회 컨설팅의 순환과정은 다음과 같다.

교회 컨설팅의 순환과정

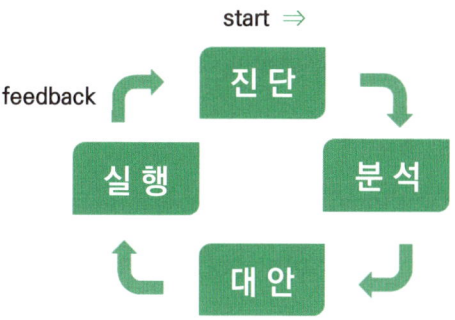

환자가 병원을 찾는 가장 급한 이유는 몸의 통증에 대해 진료를 받고 처방을 받아 치료할 목적일 것이고, 둘째는 지금의 건강상태를 확인하기 위함일 것이다. 건강검진도 목적에 따라 검사 항목이 나뉜다. 몸에 대한 전반적인 검진이 있고, 의심이 되는 부분만 진단하는 집중 검사, 더 건강해지기 위한 관리와 유지를 위한 목적으로도 건강검진을 받게 된다.

병원을 방문하고 나서 얼마 후 모든 검진 결과가 데이터로 나오고, 정상수치와 위험수치를 기준으로 나의 건강 보고서를 받게 된다. 이로써 나의 상태를 알고 그에 맞는 치료 및 관리를 하게 된다.

교회 컨설팅 역시 이와 같다. 교회 공동체는 유기체이고, 주님의 몸으로서 조직의 건강도를 점검하는 것은 당연하다. 이것을 세속적이라고 치부해서는 안 된다.

세속에 물들지 않아야 하지만, 세상에 주신 하나님의 은사는 분별하여 그 지혜를 함께 누려야 한다. 위에서 예로 든 의술도 그중 하나이다. 우리 교회의 현 상태를 가늠하고 나의 목회와 교회의 건강 상태를 객관적인 지표로 확인하며, 고쳐야 할 것은 늦지 않게 교정하여 공동체를 관리한다면 분명 건강하게 성장하게 될 것이다.

실제로 우리는 모든 삶의 영역을 컨설팅하고 있다. 소유하고 있는 부동산을 포함하여 사소한 물건까지 각자 나름의 기준으로 컨설팅하고 구매한다. 크리스천이라고 예외는 아니다. 자신의 삶은 컨설팅하면서도 자기가 몸담아 영혼이 자라나는 교회는 왜 컨설팅이 불가한 것인가? 하나님의 집이기 때문일까? 영적인 공동체라는 특성이 그 이유일까? 거룩한 곳이기에 그런 것일까?

과연 그런가? 그렇다. 교회는 거룩한 하나님의 집이며 주님의 몸이다. 그런데 그 몸을 구성하고 있는 지체들은 바로 우리이다. 세상에서 살아가는 사람들이 모여 한 공동체를 이루고 있다. 우리의 모임이 얼마나 건강한지, 얼마나 성경적인지, 얼마나 올바르게 가고 있는지, 모두가 바라는 모임은 어떠한 모습인지 확인하고 점검받는 것은 너무도 바람직할 뿐 아니라 지극히 정상인 것이다. 육체가 중요한가, 아니면 영혼이 중요한가? 너무도 그 답이 자명하지만 질문을 던진다. 우리는 '거룩한 영혼을 받았지만 육을 입고 있는 존재'이다.

영적인 존재이지만 육을 입고 있다. 더 중요한 것을 택하라고 하면 영원한 삶, 영혼이 중요하지만, 그렇다면 육신은 어떠한가? 자기 몸을 위해서는 모든 재산과 물질을 투자해서라도 병을 치료하고, 수백만 원의 건강검진도 아까워하지 않는다. 조금만 불편해도 병원과

약국을 찾아다니며 돌보면서 그토록 중요한 영적인 공동체를 위해서는 왜 아무 조치도 하지 않는가. 나는 이해가 잘되지 않는다.

교회 컨설팅은 교회를 치료하는 사역이 아니다. 이 땅에 세우신 건강한 교회의 요소를 찾고, 그것을 기준으로 각 개체 교회들의 상황을 진단하고 분석하여 데이터화하여 교회가 세워진 그 지역에 맞는, 그 지역을 복음화할 가장 적절한 방향성을 결정하여 건강한 목회를 할 수 있도록 목회자와 교회를 돕는 귀한 사역이다.

컨설팅이 유일한 답이 될 수 없고, 물론 답을 주는 사역도 아니다. 건강한 교회로 다시 서기 위한 참고자료이며, 목회 컨설턴트는 목회자의 또 다른 협력사역자인 것이다. 이러한 교회 컨설팅을 다음과 같이 구분할 수 있다.

- 목회 컨설팅
- 목회자 컨설팅
- 교회 개척 컨설팅
- 담임목사 청빙 컨설팅
- 전략적 교회 M&A 컨설팅
- 선교 컨설팅
- 교회 기능 컨설팅

- 예배 기획 컨설팅, 교육부서 컨설팅, 문제해결 컨설팅, 재정관리 컨설팅, 프로젝트관리 컨설팅, 기획 컨설팅, 전도전략 컨설팅, 선교전략 컨설팅

1) 목회자 컨설팅

목회자 컨설팅은 목회자 개인의 퍼스널 컨설팅'personal consulting으로 진행되는데, 그 목적은 목회자의 개인적 역량을 분석하여 향후 어떤 준비를 해야 하며 어떤 목회가 좋은지, 본인의 강점을 어떻게 강화해야 하는지 등을 여러 분석 도구를 통해 찾아가는 컨설팅이다. 목회자 컨설팅에 포함되는 내용은 다음과 같다.

- 영적 지도자의 Time Line
- 목회자가 경험된 교육과 훈련과정 분석
- 은사 검색과 분석
- 목회자의 기본적 분석(17개 항목)
- 설교 분석
- 리더십 핵심역량 분석(18개 영역)
- MBTI/EPDI

- 리더십 7요소 분석
- 자기관리 역량 분석(10가지)
- 리더십 유형 분석
- 목회자 SWOT 분석
- 영성 분석
- 목회사역 방향성 제안
- 준비와 훈련 영역 제안
- 우선순위 제안
- 결론

2) 목회 컨설팅

목회 컨설팅은 현재 교회가 진행하는 모든 사역을 총괄적으로 진단하고 분석하여 그에 맞는 대안을 제시하는 일련의 종합 컨설팅이다. 통상 교회 컨설팅이라고도 부른다. 목회 컨설팅에 포함되는 내용은 다음과 같다.

- 교회 사역의 역사 분석: 아래 이미지 참조
- 목회환경 분석

- 내적 진단 분석
- 심층 면담 설문 분석(교회 5대 기능/교회구조/다음 세대 사역/교회 시스템)
- 지속 가능 성장 Edge 분석
- STP 분석(Segmentation, Targeting, Positioning)
- 교회 미래 방향성(교회 이미지) 제안
- 교회 당면과제 제안
- 교회 사역 우선순위 제안
- 결론

3) 교회 개척 컨설팅

한국교회 개척은 전략적인 교회 개척이기보다는 필요성과 당위성으로 교회를 세우는 경우가 많다. 교회 개척의 이유로는, 부교역자의 연한이 되어서, 목사안수를 받기 위한 하나의 과정으로, 불가피한 정황으로, 한 교회에서 분립 개척하는 경우, 교단 혹은 노회나 지방회에서 교회를 개척하는 경우가 대부분이다.

교회 개척은 주님의 몸을 세우는 것이다. 교회 개척은 사람의 필요에 따라 해서는 안 된다. 나의 책 《Church Planting, 교회 개척 이렇게 하라》를 통해 교회를 세우는 다음과 같은 이유를 제시했다.

- 하나님 말씀에 순종하기 위해
- 잃어버린 양과 방황하는 양들로 인하여
- 다양한 교회의 모델이 필요하여
- 교회가 없는 지역의 복음화를 위해
- 전략적인 교회 개척을 위하여

이러한 이유로 교회는 온전하게 세워져야 할 것이다. 온전하게 세워진다는 의미는 과연 '그 지역에 교회가 또 세워져야 하는가?', '같은 지역에 동일한 이미지(비전)를 가진 교회가 또 세워져야 하는가?', '그 지역 거주민들의 영적 욕구를 충족하기 위해서는 어떤 교회가 세워져야 하는가?', '새롭게 조성되는 도시에는 어떤 유형의 교회가 세워져야 하며, 어떤 준비가 된 목회자가 교회를 세워야 하는가?' 등등의 전략적 필요가 요청된다. 이를 위해 교회 개척 컨설팅은 다음과 같은 내용으로 진행된다.

- 담임목사의 목회자 컨설팅
- STP(Segmentation, Targeting, Positioning) 분석
- 목회 경영 시스템 분석
- 전략 캔버스 Strategy canvas
- 특성화 전략
- 지역 SWOT 분석
- 지역의 욕구 피라미드(에이브러햄 매슬로우의 욕구 피라미드) 분석
- 지속 가능 성장을 위한 Edge 분석
- 지역 환경 분석
- 목회자의 의식과 준비과정

전략적 교회 개척이란 다음과 같은 과정을 통해 이뤄진다.

〈국내 전략적 교회개척지 컨설팅〉 ⇒ 〈지역분석〉 ⇒ 〈교회 이미지 결정〉 ⇒ 〈후보자 선정 공모〉 ⇒ 〈목회자 컨설팅: 교회 개척 컨설팅을 위한 적합한 목회 준비 확인 차원〉 ⇒ **〈교회 개척 로드맵〉** ⇒ **〈교회 개척〉**

4) 담임목사 청빙 컨설팅

최근 기독교계의 담임목사 청빙에 있어 대형교회들의 '교회 세습' 문제는 사회적으로 중요한 사안으로 떠오르고 있다. 이는 우리 사회로부터 긍정적 이미지보다 부정적인 이미지로 인식되고 있으며, 무엇보다 정보화 시대에 교회에 대한 부정적 이미지로 확산될 가능성이 더욱 높다.

담임목사를 청빙하는 것은 하나님의 부르심을 확인하고 그 일에 순종하는 과정이다. 그러므로 청빙은 건강한 교회를 세우는 출발이고, 투명한 청빙 절차는 교회의 본질적 의미를 회복하며, 건강한 교회로 나아가는 초석이 되기에 담임목사 청빙 절차를 통해 교회의 성숙도를 나타내게 된다.

만약 담임목사 청빙이 채용의 의미로 진행된다면 불공정 채용이 이루어질 가능성이 매우 높다. 공개채용 절차에 있어서, 사전에 정해진 구직자의 경험과 직무능력 등의 조건에 따르지 않고 자의적 요소에 의해 당락이 결정된다는 말이다. 여기서 '자의적 요소'라 할 수 있는 것은 조직 내 채용 권한이 있는 위원이 아닌 제3자의 개입 또는 사전에 고지된 객관적 기준과 다른 평가방식과 면접 등 주관적인 평가로 권한의 남용으로 진행되는 채용이라 할 수 있다. 교회 내에서도 불공정 절차에 의해 청빙이 진행될 수 있을 뿐 아니라, 실제로 빈번히 벌어지고 있는 실정이다.

(1) 목사 청빙유형의 종류

한국교회에서 시행되고 있는 담임목사 청빙유형은 4종류가 있다.

첫째, '세습 승계 유형'인데 이는 전임자가 정년 은퇴 혹은 원로목사로 추대되는 경우 아들이나 친인척을 그의 후임으로 청빙하는 유형이며, 한국교회에서 사회적으로도 가장 화두가 된 유형이다.

둘째, '승진 승계 유형'은 중대형교회의 존경받는 목사들로부터 그 교회의 부목사들 가운데 교회의 후임자로 청빙하는 유형이다.

셋째, '공모 유형'은 어떤 특정인을 지명하지 않고 자격 조건에 해당되는 모든 사람들에게 기회를 부여하며, 교회가 추진하는 청빙 과정 중 절차 공정성에 있어 투명성을 갖추게 되므로 모두가 공감할 수 있는 유형이다.

넷째, 교단이나 교계의 원로목회자 또는 신망 있는 인물들로부터 담임목사 후보를 추천받는 유형이다.

이러한 담임목사 청빙유형은 각각의 문제를 안고 있다. 세습 유형은 교회를 세습하게 된다는 문제를, 승진 승계는 부목사들이 전임목사 눈치를 보게 되는 문제를, 공모 유형은 비전문가들로 구성된 청빙위원들이 목회자를 심의하는 과정에 객관성을 보장할 수 없는 문제를, 추천 유형은 상호 간 줄타기의 문제를 안고 있다.

그래서 본 연구소에서는 건강한 한국교회의 '담임목사 청빙 컨설팅'을 시행하고 있다.

(2) 헤드헌팅(전문가 의뢰) 청빙 컨설팅

상기에 열거된 청빙유형들의 단점을 보완하고 객관성과 청빙의 투명성을 최대한 보장할 수 있다. 또한 설교, 목회계획서, 목회철학서 등의 제출된 서류는 전문가의 분석을 통하여 평가 근거(지표)를 남기기에 절차의 공정성을 따를 수 있는 방법이다.

헤드헌팅(전문가 의뢰)의 절차(Head Hunting Process)는 이렇게 진행된다.

첫째, 청빙에 대한 교회와의 논의 시간을 2-3회 충분히 반복 진행한다. 이 시간은 다양한 그룹들과의 미팅을 통해 교회론과 청빙에 관련한 회중들의 요구사항을 듣고 분석하는 시간이다.

둘째, 해당 교회(청빙을 의뢰한 교회)의 목회 전반에 걸친 교회 컨설팅을 시행한다. 교회 컨설팅을 해야 하는 이유는 교회의 현안문제를 면밀하게 파악하고, 그 지역에서 어떠한 영향력을 발휘할 수 있는 교회로 나아가야 할 것인지, 교회의 향후 방향성(이미지)을 결정하기 위함이다. 교회 방향성은 후임 목사를 청빙하는 절차에서 가장 중요한 핵심과제로, 그 교회의 방향성에 가장 적합한 준비된 후보자를 선정하기 위함이다. 이는 교회의 목회 방향을 계승 발전시킬 수 있기 때문이다.

셋째, 청빙 절차의 전체 일정에 대한 계획을 수립한다. 청빙 의뢰를 받은 전문가는 모든 과정의 공정성과 객관성을 최우선으로 하기 위하여, 교회로부터 위임받은 청빙위원들과 지속적인 교류를 통해 상호 점검 및 최종 절차를 논의하고 결정한다. 이때 교회가 원하는 청빙의 기준안은 공문으로 접수하고, 그 결정에 따라 전문가는 교회를 대리하여 청빙 절차를 진행하며, 최종 후보 결정 시까지 청빙 후보에 관한 모든 정보는 익명으로 진행한다.

넷째, 교회들의 평판 조사를 시행한다. 평판 조사는 교회와 목회자의 활동과 능력에 대한 종합적이고 객관적인 평가를 하기 위함으로, 직접 방문하거나 설문지로 교회 내부와 외부의 평판 조사를 시행한다. 물론 이 과정 역시 전문가가 임의로 진행하지 않는다. 청빙을 의뢰한 교회와 청빙위원회의 결정과 요청에 의거하여 평판 조사를 시행한다.

다섯째, 최종 후보자 3-5인은 교회의 공동의회 혹은 사무총회(감리교단에서는 당회라고 함)를 열어 최종 제비뽑기를 통해 차순을 정하고, 그 차순에 따라 헤드헌터(전문가 의뢰)가 진행하는 후임 목회자 처우에 관한 청빙 협상이 진행된다. 협상이 체결되면 인보이스^{invoice}를 발행함으로 모든 청빙 절차는 종료된다.

절차상 공정한 담임목사 청빙을 위하여, 그리고 교회에 가장 적합한 청빙을 위하여 수행되는 사역이 담임목사 청빙 컨설팅이다.

5) 전략적 교회 M&A 컨설팅

대부분 사람들이 말하는 한국교회의 위기 중 하나는 중소형교회의 내일이 보이지 않는다는 데 있다. 국민소득 30,000불이 넘는 순간 한국의 작은 교회들은 지금보다 더욱더 어려워질 것으로 판단된다. 자신이 출석하는 교회의 브랜드를 곧 자기의 존재감, 정체성으로 여기게 되고 30,000불 시대에 걸맞는 교회를 찾아 선택할 것이기 때문이다. 한국의 작은 교회는 어떻게 해야 하는가?

모두가 예견하는 위기를 극복하고 중소형교회들이 활력 있는 사역을 지속적으로 펼치기 위해서는 부득불 교회는 합병, 통합해야 한다. M&A는 합병(Mergers)과 인수(Acquisitions)의 합성어이지만 실제로 교회 차원의 M&A는 분할 방식과 전략적 제휴 방식 등 더 넓은 의미로 사용된다. 아래 그림을 보자.

교회 M&A 유형

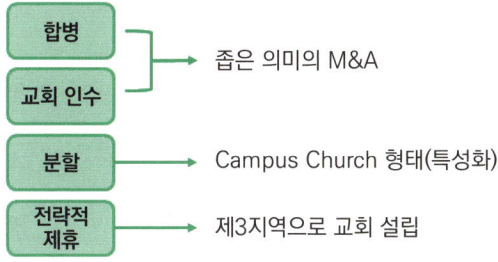

(1) 작은 교회의 M&A의 필요성은 다음과 같다.

'전국 교회 2개 중 하나는 미자립'이라는 감리회 실태조사를 실시한 〈기독교타임즈〉 기사를 소개한다.

■ 연회별 미자립 교회 수

연회	전국	서울	서울남	중부	경기	중앙	동부	충북	남부	충청	삼남	호남선교
교회	6,240	397	408	1,079	792	560	671	413	596	647	408	269
미자립 수	2,920	150	186	475	403	251	276	231	320	241	222	165
백분율	47	37.7	45.5	44	50.8	44.8	41.1	55.9	53.6	37.2	54.4	61.3

■ 경상비 대비 미자립 교회 수

경상비	교회 수
0~500만 원 미만	475
500~1,000만 원 미만	733
1,000~1,500만 원 미만	533
1,500~2,000만 원 미만	348
2,000~2,500만 원 미만	193
2,500~3,000만 원 미만	235
3,000~3,500만 원 이하	281
알 수 없음	22
합계	2,920

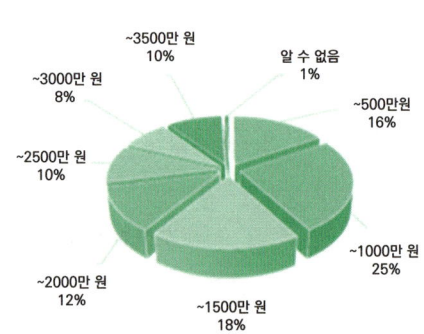

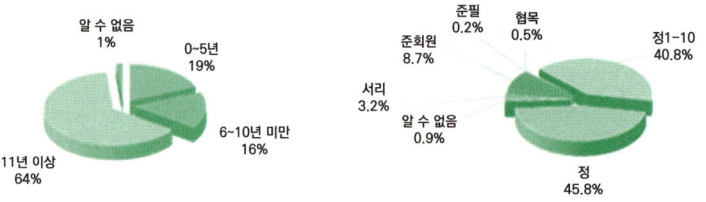

[출처: 감리교단, 기독교타임즈 2018. 5. 2./21]

(2) 전략적 M&A

전략적으로 하나가 되기 위해서는 다음과 같은 절차를 가지게 된다.

전략적 M&A 프로세스

(3) M&A 추진절차

교회의 전략적 인수합병의 절차 과정은 다음과 같다.

향후 한국교회는 전략적으로 M&A가 이루어져 건강한 교회로 나아가야 한다. 이를 위해 수행되는 컨설팅이 전략적 교회 M&A 컨설팅이다.

6) 선교 컨설팅

선교사역을 나누면 현지 교회 개척, 선교지 신학교 사역, 교육선교 사역, 구제 사역, 문화선교 사역, 의료선교 사역 등으로 나누어 볼 수 있다. 이 모두가 각 교단별, 각 노회별, 각 교회별로 관리되어 진행되다 보니, 비효율적이고 비합리적인 부작용들이 발생하게 된다.

한국인 선교사들이 과밀집된 지역이 나타나기도 하고, 더욱이 동일한 사역을 동일 지역에서 수행하고 있는 현상도 쉽게 볼 수 있다. 이는 전략 없는 선교 정책임을 반증하는 것이다. 한국선교의 역사성으로 보았을 때, 이제는 더 이상 파송 숫자 위주의 무분별한 선교를 할 때가 아니다. 이제는 선교전략이 요청된다.

이를 위해 다음과 같은 성숙한 선교전략으로 선교사역이 진행되어야 한다.

- 선교사 개인 컨설팅(목회자 컨설팅)
- 선교 지역의 선교 현황 분석
- 선교 지역 STP(Segmentation, Targeting, Positioning) 분석
- 선교 경영 시스템 분석
- 선교 전략 캔버스(Strategy canvas)
- 선교특성화 전략(차별화 전략)
- 지역 SWOT 분석
- 선교 지역의 욕구 피라미드(에이브러햄 매슬로우의 욕구 피라미드) 분석
- 선교 지속 가능을 위한 Edge 분석
- 선교 지역 환경 분석

7) 교회 기능 컨설팅

전반적인 교회 전체 컨설팅을 진행하기 어려울 때가 많다. 그럴 때는 현재 진행되고 있는 사안별 컨설팅을 추천한다. '교회 기능 컨설팅 영역'은 향후 한국교회의 '기능별 전문 컨설턴트' 배출에 기반이 되는 사역으로 발전할 것이다.

교회 기능별 컨설팅의 영역은 다음과 같다.

- 예배기획 컨설팅
- 교육부서 컨설팅
- 문제해결 컨설팅
- 재정관리 컨설팅
- 프로젝트관리 컨설팅
- 기획 컨설팅
- 전도전략 컨설팅
- 선교전략 컨설팅

이와 같이 다양하게 교회 컨설팅이 진행되어 왔고, 앞으로도 더욱 활발하게 진행될 것이다. 교회의 건강검진과 교회 사역의 총체적인 피드백은 이제 선택이 아니다. 육신의 건강을 위해 정기적으로 검진을 받는 것처럼, 우리가 섬기는 교회의 건강도를 측정하고, 교회의 미래를 위하여 방향을 찾고, 교회가 세워진 그 지역과 소통하기 위해서는 교회 컨설팅이 이루어져야만 한다. 우리는 자신의 객관화뿐 아니라 방향성, 그리고 차별화를 발견하는 전략적 접근이 요구되는 시대에 살고 있다.

울트라 마라톤에서 61세 노인이 우승한 비결은?

오스트레일리아의 시드니에서 출발하여 멜버른에 도착하는 울트라 마라톤은 세계에서 가장 힘들기로 소문난 마라톤 경기이다. 중간에 쉬어가면서 완주하려면 최대 7일 동안 875km를 달려야 한다. 선수들은 주로 낮에는 달리고, 밤에는 쉬었다.

1983년 61세의 나이에 감자를 재배하는 농부 클리프 영(Cliff Young)이라는 이름의 전혀 알려지지 않은 선수가 경기에 참가했다. 많은 사람들이 그가 완주라도 하면 다행이라고 생각했다. 영은 규정상 마라톤 경기는 원하는 경우에 따라 코스 전체를 걸어서 갈 수도 있다는 것을 알았다. 또한 밤에 쉬기 위해 경기를 중단해야 한다는 규정이 따로 있는 것도 아니었다. 따라서 그는 밤에도 쉬지 않고 걸었고, 결과는 우승이었다. 그는 2위로 들어온 자기 나이 절반이 되는 선수보다 거의 하루를 일찍 들어왔다. 다시 한 번 모두가 옳은 것은 아니라는 사실이 드러났다.

- 윌리엄 코헨, 《피터 드러커 경영컨설팅》 발췌

9.
교회 컨설턴트의 핵심기술

1) 질문의 기술: 답은 그들이 알고 있다

컨설턴트에게 진실로 필요한 기술이다. 하나님께서 인간에게 던지신 질문을 보자.

> "여호와 하나님이 아담을 부르시며 그에게 이르시되 네가 어디 있느냐"(창 3:9).

그리고 하나님은 또다시 질문하셨다.

> "여호와 하나님이 여자에게 이르시되 네가 어찌하여 이렇게 하였느냐…"(창 3:13a).

하나님께서도 인간과의 대화에서 사용하신 방법이 질문이었다. 이러한 질문은 답을 주는 것이 아니라, 스스로 답을 찾아가게 하는 탁월한 대화법이다. 컨설팅에서 사용되는 중요한 기술이 바로 '질문의 기술'이다.

통상적으로 컨설팅을 수행할 때, 일방적인 대안제시, 일방적인 해결책 제시가 많을 수 있다. 그러나 컨설턴트의 진수는 질문에 있다. 질문법이 성경적이기도 하지만, 교회의 정황과 문제를 가장 잘 아는 핵심인물이 바로 중직자와 담임목사라고 나는 가정하기 때문이다. 그래서 나는 그들에게 질문하고, 질문의 기술을 통해 컨설팅하는 그 교회의 본질에 접근한다. 물론 '피터 드러커'의 컨설팅 모델을 배우고 익힌 요인이 크게 작용하였을 것이다.

일반적으로 컨설팅을 의뢰한 사람은 공동체와 조직 내에 문제가 있다는 것은 알지만 정확한 문제점을 인지하기는 어렵다. 그래서 조직관리 문제를 해결할 전문가인 컨설턴트를 고용하는 것이며, 조직의 체계도를 있는 그대로 보여주고 컨설턴트의 명쾌한 답을 기대한다. 한 가지 예화를 소개한다.[37]

---

37) 성균관 경영대학원 MSC 경영 컨설팅 자격 과정 강의록 1권, p. 7.

몇 분이 지나자 컨설턴트가 의뢰인에게 조직도를 보여주면서, 붉은 색으로 체크한 부분을 제거함으로 조직의 건강도를 확보할 수 있음을 언급한다. 그와 동시에 의뢰인에게 100만 원을 청구했다. 의뢰인은 그 청구에서 놀라워한다. "아니, 그렇게 잠시 동안 살핀 후 그 자리에서 100만 원을 청구합니까?" 컨설턴트는 그 제시한 청구서에 다음과 같이 기록하였다.

> 조직의 문제가 되는 자리에 표시한 비용: 1,000원
> 어느 곳의 자리를 정리해야 하는지를 알게 한 컨설팅 비용: 999,000원
> ------------------------
> 합계 : 1,000,000원

이것은 컨설팅 수행방법일 수 있지만 물론 피터 드러커가 그렇게 하지 않았고, 나도 이렇게 수행하지 않는다. 교회 컨설팅 과정에서 사역을 정리해야 함을 인지하고 어떤 사역을 줄여야 할지를 제시할 때 나는 이렇게 질문한다.

"알고 계시다시피 귀 교회의 정황은 이러합니다. 이럴 경우, 목사님(혹은 장로님)께서는 어떤 사역을 일시 중지하면 좋겠습니까?"

컨설팅은 질문이 핵심이다.

조지 허버트 워커 부시(George H.W. Bush) 대통령에게 '미국 자유 훈장'을 받은 프랜시스 헤셀바인은 이러한 드러커의 기본적인 질문에 관한 내용을 담은 한 권의 책을 출간했다.[38]

"당신의 조직에 관하여 당신이 물어야 할 가장 중요한 5가지 질문"

① 우리의 임무는 무엇인가?
② 우리의 고객은 누구인가?
③ 고객이 원하는 가치는 무엇인가?
④ 우리의 실적은 무엇인가?
⑤ 우리의 계획은 무엇인가?

이러한 질문은 우리 각자에게도 도전을 줄 뿐 아니라, 교회 공동체에도 반드시 물어야 하는 본질적 질문이다.

---

38) 프랜시스 헤셀바인 외 1명/유정식 옮김, 《피터 드러커의 최고의 질문》 (경기 파주: 다산북스, 2017).

① 이 지역에서 우리 교회의 본원적 목적은 무엇인가?
② 우리가 중요하게 집중할 대상(청중)은 누구인가?
③ 그들이 교회에 바라는 것은 무엇인가?
④ 우리가 지금까지 해온 가장 중요한 사역은 무엇인가?
⑤ 앞으로 우리 교회의 계획은 무엇인가?

(1) 이 지역에서 우리 교회의 본원적 목적은 무엇인가?

미리 살펴보았지만, 컨설팅은 교회의 본질을 찾아가는 사역이다. 그래서 컨설턴트가 교회 컨설팅에 임할 때, 가장 우선으로 던져야 할 질문이 바로 "이 교회가 왜 여기 존재해야 하는가?"이다.

근본적인 교회의 존재 목적은 분명하다. 하나님의 영광과 하나님 나라의 확장, 이 땅에 하나님 나라를 세우기 위해 모든 민족으로 구원받게 하여 그들로 하나님을 예배하게 하기 위함이다. 그렇다면 이것이 교회의 유일한 본원적인 목적이라면, 굳이 한 지역에 그렇게 많은 교회가 세워질 필요가 있는 것일까?

교통이 불편해서도 아니며, 민족이 다르고 언어가 다르기 때문도 아닐 것이다. 어떤 한 지역에는 그 땅을 복음화하기 위해 할 수 있다면 다양한 교회들이 세워져야 한다. 한 몸, 한 지체의식을 갖는 지역교회론을 말하는 것이다. 그래야만 교회는 경쟁대상이 아닌 한 포도나무에 접한 가지처럼, 각 교회가 그리스도의 몸에 연결된 유기체가 되어 생명력이 왕성해질 것이기 때문이다. 이웃을 사랑하듯, 우리는 이웃의 교회를 사랑해야 한다. 그래서 더욱 중요한 질문이 바로 "그 지역에 왜 그 교회가 존재해야 하는가?"이며, 이 질문에 답을 명확히 할 수 있어야 한다.

한국교회에는 유명한 연구소들이 존재하고 있다. 교회 성장을 이끄는 '교회성장연구소', 가정사역을 핵심목적으로 섬기는 '하이패밀리', 그리고 기독교 윤리실천을 위하여 섬기는 '기독교윤리실천운동' 등이 있다. 각 연구소가 확실한 사역의 색깔을 갖고 있다. 각 영역의 핵심적인 사역을 목적으로 세워졌고, 그중 목회컨설팅연구소는 '한국교회 유일한 교회 컨설팅 전문기관'으로 자리매김하고 있다.

하나님께서 각 사람을 부르시고 그만의 비전과 사명을 주셨듯이, 목회와 교회 연구소도 각자 세워진 목적과 비전이 다를 수밖에 없다. 똑같은 사역을 위해서 굳이 경쟁 기관을 새로 세울 필요는 없을 것이다. 이미 존재하고 있는 어떤 연구소가 나의 비전을 수행하고 있다면, 그곳에 합류해 더 낮은 자세로 섬기면 되지 않을까 한다.

목회컨설팅연구소(이하, MSC)는 "미래 한국교회의 건강한 성장을 위해 목회자를 재교육하고 스스로 연구하게 하여 목회자의 질적 성숙과 본질에 집중할 수 있도록 돕는 컨설팅 전문연구소이다." 이것이 우리 기관의 존재 목적이다.

'한국교회에서 우리 연구소의 본원적 목적 자체'가 타 기관과의 차별성이자 전문성이며, 바로 특성화가 된다. 이렇듯 전체의 한 영역을 감당하는 지체로서의 역할을 하는 것이다. 교회 역시 마찬가지이다. 하나님께서 부르신 목회자 각자가 모두 다르듯, 교회 역시 똑같을 수 없다. 교회 역시 그 지역에 존재해야 하는 본원적 목적을 반드시 정립하고 사역해야 한다. 다음은 교회의 존재 목적을 명확히 표명한 몇 군데의 교회 예시이다.

새로남교회

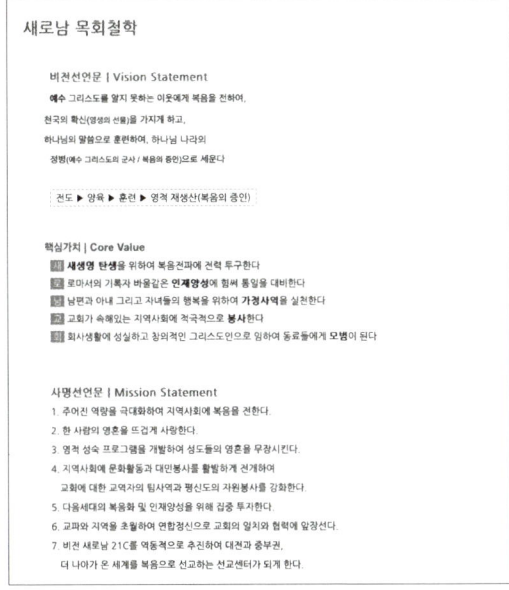

[출처]: 교회 홈페이지

송탄중앙침례교회

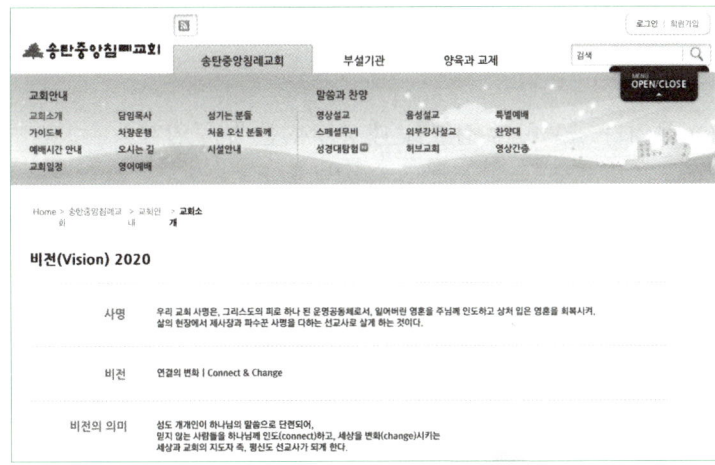

[출처]: 교회 홈페이지

[출처]: 교회 홈페이지

(2) 우리가 중요하게 집중할 대상(청중)은 누구인가?

전도대상자는 남녀노소 구분이 없다. 그런데 왜 우리가 전도할 대상을 굳이 구분하여 아는 것이 중요할까? 효과적인 전도전략이기 때문이다. 미래 교회를 대비해 여전히 우리 교회가 사역을 지속하기 위해 중요한 자료가 되기 때문이다. 아래 예시를 통해 이해를 돕고자 한다.

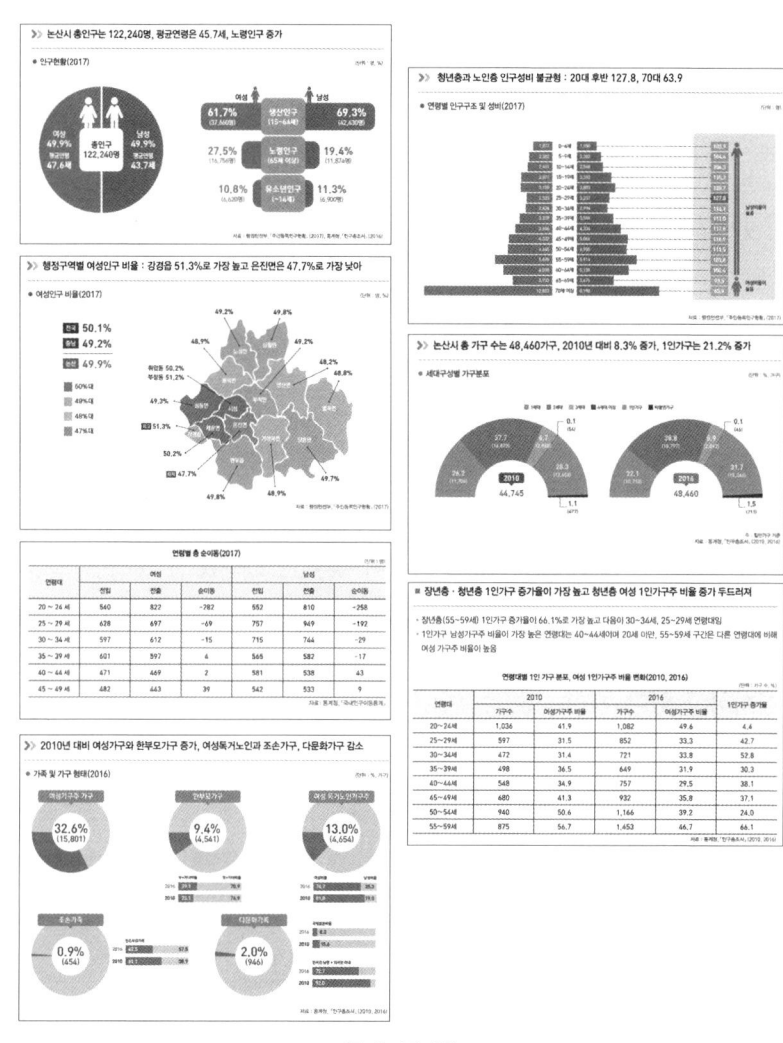

[출처]: 통계청

　　상기 인구분포도를 보면 40-50대가 전체 인구 중 약 31%를 차지한다. 이는 교회가 사역을 준비할 때, 가장 역점을 두어야 하는 사역 대싱이 40-50대임을 말하는 것이다. 또한 그들의 자녀들은 대략 중학생, 고등학생, 대학생이 많을 수 있다.

그렇다면 그들의 자녀들을 위한 교회의 준비는 무엇이 되어야 하는지 반드시 고심해야 한다. 물론 다른 세대를 무시하고 도외시하라는 것이 아니다. 순차적으로 집중하여 섬길 우선순위 대상을 정해야 한다는 것이고, 이것이 전략이며 지혜인 것이다.

이러한 이유로 교회는 집중 대상을 두어야 하며, 우리는 이것을 타게팅^{targeting}이라고 한다. 목회 컨설턴트는 교회의 중점 대상을 찾을 수 있도록 도울 뿐 아니라, 사역의 우선순위를 정해 사역의 단계를 제시하고 있다.

(3) 그들이 교회에 바라는 것은 무엇인가?

담임 목회자와 중직자들이 인지하고 있는 교인들의 진정한 바람^{desire}과 실제 교인들의 갈망은 크게 차이가 날 수 있다. 목회자와 중직자는 교회를 포괄적으로 사고하여 대응하는 반면, 교인들은 자기의 영적 필요와 삶의 필요, 그리고 교회 생활을 통해 얻고 싶은 욕구가 너무도 다양하기 때문이다. 교인들의 갈망, 필요, 의도를 읽고 찾아야 하는 것이다.

하버드의 협상론에서는 상황적 요구(Position)와 욕구(Interest)의 차이가 있음을 강조하고 있다. 상황적 요구는 명시적인 상대방의 요구사항을 의미하고, 상대방의 욕구(Interest)는 명시적이지는 않지만 상대방 내면에 있는 욕구, 희망사항을 의미한다.

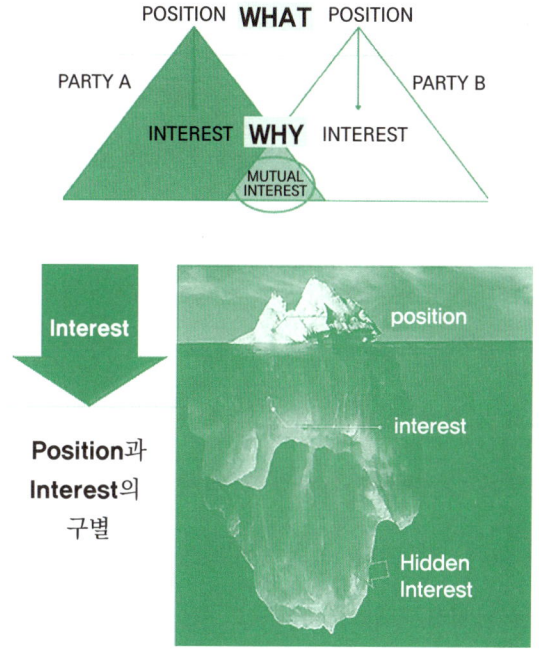

하버드의 협상전략[39]

지역 복음화를 위해 세워진 교회는 원하든 원치 않든 청중들의

---

39) 출처: naegong.tistory.com / https://naegong.tistory.com/1, 2020-04-16

입장에서 교회를 돌아볼 수도 있어야 한다. 그들의 진정한 욕구는 무엇인지, 교회를 향해 요구하고 있는 그들의 필요는 무엇인지 파악할 수 있어야 한다. 교인들은 교회의 사역들에 순종하며 헌신하고 있지만, 내면 저 깊은 곳에 자리하는 숨겨진 욕구는 과연 무엇일까?

그들은 영적으로 성장하길 전심으로 바라고 있다. 그들이 섬기고 있는 교회의 영적 지도자들이 그들을 이끌어 주기를 간절히 바라고 있다. 많은 행사, 사역들보다 자신의 성숙과 돌봄에 더 간절하다. 신앙의 본질에 다가가길 원하며, 알기를 원하고 있다. 영적인 깊이와 영적인 경험을 원한다. 말씀을 통해 삶의 고난을 해결 받고 싶어 하며, 세상과 다르게 살고 싶어 한다. 영적 체험을 갈망한다.

(4) 우리가 지금까지 해온 가장 중요한 사역은 무엇인가?

다시 말하면, "지금까지 수행해 온 사역은 무엇이며, 그 결과는 어떠한가?"에 대한 질문이다. 목회 컨설턴트는 지금까지 진행해 온 사역의 결과를 점검할 것이며, 교인들은 얼마나 만족하는지 질문할 것이다. 교회도 주기적으로 자체 점검을 해야 한다. 그렇지 않다면, 발전하고 개선할 기회를 얻지 못하게 될 것이기 때문이다.

사역의 열매가 보이지 않는다면 이러한 질문은 그 원인이 무엇인지, 계속 지속할 것인지 중단할 것인지, 아니면 수정할 것인지 혁신할 것인지 판단하는 데 결정적인 도움을 줄 수 있다. 또한 중요한 사역이거나 핵심사역의 경우 그 결과를 수치화하면, 그 중요도의 실제 정도와 변화의 움직임을 가늠할 수 있게 된다. 이때 정량적인 결과와 정성적 결과도 동시에 살펴보아야 한다. 교회 컨설팅은 가능한 한 정량적 평가를 하기 위해 노력한다. 예를 들면 다음과 같다.

교회 성장학자들의 공통된 견해로 교회의 자연적 성장은 매년 20%(평균 80명 이상 출석교회)가 되어야 한다고 말한다. 통상 매년 교회를 떠나는 사람들이 10%에 이르기 때문에, 자연적 성장 20%와 떠나는 사람 10%를 감하면 정착 비율이 10%가 되고, 연간 산출하면 10년 목회에 100%의 성장을 이룰 수 있게 되기 때문인 것이다.

(5) 앞으로 우리 교회의 계획은 무엇인가?

사역의 결과를 수치화하는 것, 즉 실적 파악은 내년來年의 목회계획을 세우기 위한 중요한 기초자료가 될 것이다. 목회계획 세우기란, 절대 글자를 바꾸거나 문구를 변경하거나 슬로건slogan 하나를 만들어 내는 것이 되어서는 안 된다. 전년도 사역에 대한 객관적인 평가와 신단으로, 그 결과와 근거를 통해 어떤 변화가 필요한지 확인해야 한다. 이것은 자연스럽게 교인들의 욕구와 필요를 파악하게 할 것이며, 그에 대한 대안이 마련된 목회계획을 세워야 한다.

목회계획은 다음과 같은 절차를 따른다.

첫째, 미래교회의 경향 파악

둘째, 전년도 목회 평가(실증적 분석)

셋째, 분석과 대안

넷째, 교인들의 필요와 욕구

다섯째, 담임목사의 목회철학 수립

여섯째, 교회의 방향성(비전) 결정

일곱째, 그 방향성에 따른 변화들(조직, 시스템, 프로그램, 각 행사)

여덟째, 그 변화를 수행할 구체적인 프로젝트와 프로그램 결정

아홉째, 월별 계획과 주간 단위 계획

이러한 과정에 따라 공동체의 미래를 설계할 때는 3가지 질문을 한다.

첫째, "지금 우리가 진행하고 있는 사역은 무엇인가?"

이 질문은 교회의 존재 이유에 대한 본원적인 질문으로서, 존재 목적을 염두에 두고 향후 계획을 수립해야 한다는 것이다

둘째, "현 사역과 지금 진행하고 있는 프로젝트를 계속 수행할 것인가?"

이것은 지금 목적과 관련해 수행하고 있는 사역들을 지속할 것인가에 대한 물음이다.

셋째, "미래 우리 교회를 위해 과연 어떤 사역을 해야 할 것인가?"

교회는 주님 오실 때까지 역사와 함께 세워져 가야 한다. 그러므로 교회의 역사성을 고려할 때 과연 우리 교회에 적합한 사역은 무엇이어야 하는가를 묻는 것은 매우 중요한 질문이 된다.

2) 단순화 기술: '심플 simple 하게, 위대하게'

- 단순화 전략을 수립하는 기술

"그들은 근본적으로 다른 종류의 사업체, 즉 서비스와 메뉴를 극도로 단순화한 식당을 창조했다. 훗날 전국으로 뻗어 나갈 수많은 패스트푸드 식당의 원형을 만들어 낸 것이다.…이

들은 음식을 만드는 공정을 단순화함으로써 제품을 생산하는 모든 단계에서 품질에 집중할 수 있었다. 단순화야말로 성공의 비결이었다. 그들의 단순화 원리가 현실에서 구현되는 모습을 본 1954년의 그날, 나는 나무에서 떨어진 사과를 맞고 중력 원리를 떠올린 뉴턴처럼 아이다호 감자로 머리를 호되게 맞은 것 같은 충격을 받았다."40)

단순화 전략이다. 물론 기업과 교회는 본질이 다르다. 그러나 본질의 상이성 외에 조직을 만들고 관리하고 재정을 관리하고 교인들의 수가 날로 늘어나야 한다는 것은 동일하다. 성장과 성숙의 측면도 역시 마찬가지이다. 기업경영은 이윤의 극대화라고 말하는데, 실상 지금의 기업들은 단순히 이윤만을 추구하지 않는다. 가치경영, 인재경영, 사회적 책임 등을 통해 사회와 사람들과 함께하려고 한다. 이러한 측면에서는 교회 공동체가 실현하고자 하는 부분과 일치하는 영역이 매우 많다고 할 수 있다. 어쩌면 더 훌륭하게 앞장서고 있는 것 같다.

우리 교회들도 모든 사역과 행정관리 영역에서 단순화해야 한다. 단순화의 반대는 복잡성이다. 경우에 따라, 확장의 측면에서는 복잡성

---

40) 리처드 코치, 그레그 록우드/오수원 옮김, 《무조건 심플》 (서울: 2018, 부키), p. 22.

도 필요한 부분이 될 수 있지만 이것 역시 단순화로 이끌어야 한다.

예수님은 단순화의 대가이시다. 바리새인들이 모임을 갖고 예수님에게 다가와 613개의 율법 중 어느 것이 큰 계명인지를 물었다. "모든 계명 중 무엇이 크니이까?" 예수님의 답은 다음과 같다.

> "네 마음을 다하고 목숨을 다하고 뜻을 다하여 주 너의 하나님을 사랑하라 하셨으니 이것이 크고 첫째 되는 계명이요 둘째도 그와 같으니 네 이웃을 네 자신같이 사랑하라 하셨으니 이 두 계명이 온 율법과 선지자의 강령이니라"(마 22:37-40).

예수님께서는 온 율법과 선지자의 강령을 말씀하셨다. 복잡한 율법을 두 개의 완전한 구절로 정리하셨다.

파파존스(Papa John's)는 놀라운 피자를 만들어 피자 세계를 재편했다. 창립자인 존 슈내터(John Schnatter)에 따르면 이 회사가 성공한 비결은 단순함에 있음을 이 회사의 웹사이트에 나오는 아래의 진술을 보자.

"파파존스에서 우리는 성공을 위한 단순한 공식을 가지고 있다. 한 가지에 집중하고 다른 어떤 이보다 그것을 더 잘하도록 최선을 다하라. 파파존스의 메뉴를 단순하게 유지함으로써 우리는 탁월하게 좋은 재료만을 사용할 수 있고 우리 제품의 질에 집중할 수 있다."[41]

세계적으로 유명한 '목적이 이끄는 교회'인 새들백 교회의 목적 선언문을 잘 알고 있을 것이다. 한국의 많은 교회가 채택해서 교회 주보 및 여러 팸플릿pamphlet에 기록할 뿐 아니라 교회의 여러 곳에 부착해 두었다.

5M: Magnification(찬미), Multiplication(증가), Maturity(성숙), Ministry(목회), Mission(선교)

과연 어느 정도의 교회 역량을 가지면 5가지 목적 선언문을 사역으로 수행해 갈 수 있을까? 어느 정도의 인적, 물적 자원이 투입되어야 하며, 얼마나 많은 교인들이 회집해야만 가능할 수 있을까? 실제

---

41) 톰 라이너, 에릭 게이거/신성욱 옮김, 《단순한 교회》 (서울: 생명의 말씀사, 2009), p. 24.

로 목적 선언문과 관계 없이 사역은 오리무중이 되었다. 위의 목적 선언문상으로 표명된 5M을 부인하는 것이 결코 아니다. 교회의 근원적인 목적이라면, 이러한 궁극적 목적을 향해 나아가는 전략, 즉 단계적 목적을 세워야 한다는 것이다.

우리 교회가 이르게 될 최종의 목적을 단순화해서, 단계적(전략적)으로 한 걸음씩 이르러야 하며, 이것을 단순화 전략이라고 하는 것이다.

우리 교회는
"하나님을 사랑하고 이웃을 사랑하고 세상을 섬기는 교회"이다.
우리 교회는
"하나님을 온전하게 경배하며 이웃을 섬기는 교회"이다.
우리 교회는
"하나님이 주신 은사대로 팀이 되어 사역하는 교회"이다.

이렇게 단순화하면 좋겠다. 단순함이 미래교회의 답이다. 더욱이 작은 교회가 65%를 차지하는 한국교회의 현실에서 단순화 전략은 교회의 새로운 혁신전략이 될 수 있다. 나는 수많은 교회 컨설팅을 진행하면서, 단순화 전략을 통해 교회가 집중해야 할 사역의 이미지를 다음과 같이 제시했다.

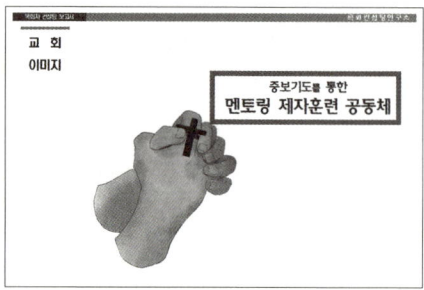

사역을 단순화하면 그 교회의 핵심사역이 무엇이며, 그 교회가 나아갈 방향이 무엇인지 선명해질 수 있다. 이것은 특성화로 이어지고, 더 발전시켜 전문화까지도 도모할 수 있게 한다. 단순화 전략을 이끌어내는 것이 곧 교회 컨설팅이다.

　교회의 침체와 정체를 모두가 우려하고 있다. 다가오는 다음 세대에게 복음의 꽃을 피우기가 어려울 것 같은 현실에 직면하고 있다. 포스트모던 세대에게는 복음이 생명이 아니요, 더 이상 교회는 자신의 삶을 가꾸는 터전으로 받아들여지지 않는 듯하다. 굉장히 분주히 교회 사역을 해왔음에도 여전히 퇴보하고 아래로 가라앉고 있는 이러한 현상은 도대체 무엇 때문일까?

　88년 올림픽이 열린 그해는 한국교회 성장의 정점을 찍은 원년이다. 전체 인구대비 24%, 기독교인 10,000,000명이 넘는 괄목할 만한 성장을 이뤘다. 시간이 지나며 인구가 늘었지만, 2020년 한국교회 교인 수는 8,700,000명에 불과하다. 대략 15%로 추정되는데, 이 데이터에는 그나마 기독교의 탈을 쓴 사이비의 숫자까지 포함되어 있다.
　교회의 영향력은 지금까지도 여전히 계속해서 줄어들어, 더 이상 지역을 선도하는 교회로서 지역의 중추적인 역할을 수행하지 못하고 있다. 그러나 교회는 여전히 매우 바쁘게 움직이고 있다. 더욱이 시대의 흐름에 발맞추기 위해 버거울 만큼 점점 더 많은 것을 감당해야 하는 실정이다.

분주함에 쏟는 물질과 시간, 에너지 낭비는 뒤로하고라도 세상이 느끼지 못하는 교회의 변화, 크리스천과 영적 지도자들의 삶의 모순은 세상의 비난거리가 되어 있다. 그들로부터 교회의 미래가 보이지 않는다는 말을 듣고 있는 참으로 아픈 시간이다. 이제 이토록 복잡한 교회 사역을 잠시 객관적으로 바라보았으면 한다. 우리 지역에서 우리 이웃들을 위해 우리 교회가 무엇을 어떻게 해야 하는지 단순한 전략이라는 안경을 통해 바라보아야 한다. 단순함으로의 회귀이다.

교회는 주님의 몸이다. 바쁘게 움직인다고 교회가 건강해지지 않는다. 내 몸의 상태, 내 지체의 상태를 면밀히 살피고 단순하게 정리할 때 행복하고 건강해질 수 있다. 이제 프로그램 목회는 제발 멈출 때이다. 프로그램으로는 교회 성장과 성숙을 도모할 수 없음을 얼마나 더 지나야 인정할 수 있을까. 본질로 돌아가자. 사람 중심으로, 그들을 하나님의 사람이 되게 하는 본연의 교회 모습으로 돌아가자. 이것 외에 무엇이 더 있어야 하는가? 행사와 프로그램을 입혀 교회의 표면적 사역을 화려하게 보일 수 있어도 내면적 교회는 버거워하고 힘겨워하고 있음을 인식해야 한다.

한동안 '히로뽕 목회'라는 유행병이 돌기도 했다. 이러한 말들을 꺼내기가 하나님 앞에 부끄럽지만, 목회자들 사이에도 공공연하게 회자됨은 부인할 수 없는 현실이다. 치명적인 단어를 목회에 적용할 만큼 악한 것을 알면서도 약효가 떨어질 즈음 또 한 방을 맞기 위해 나서는 목회자의 아픈 현실을 표현한 것 같다.

요즘은 '패스트푸드 목회'라는 치욕적인 용어도 들려온다. 몸에 좋지 않은 건강하지 못한 음식이지만 새로운 메뉴가 출시되면 그 맛을 느끼기 위해 나서는 것처럼, 새로운 목회 프로그램이 등장하면 많은 교회가 어느새 그 메뉴로 물들어가는 것을 풍자한 것이다. 그러면서 교회는 패스트푸드 프로그램으로 서서히 건강을 잃어간다.

프로그램이 유혹적인 것은, 새로운 행사를 통해 어떤 결과가 나올 것 같은 기대감이 생기기 때문이다. 그 행사를 준비하고 진행하는 동안 무언가 열심히 움직이니 사역을 하는 것 같다. 그러나 결과는 정반대임을 여실히 접하게 된다. 프로그램을 통해 사람들이 성숙하길 기대하지만, 오히려 소진되고 소모되어 간다. 에너지 소진으로 자기의 성숙에 기여할 여지가 없어지고 영적으로 지치고 무기력해짐을 교인들은 체감하고 있다. 평신도 사역자들의 탈진, 그것은 프로그램 중심 목회의 병폐 중 하나이다.

도대체 어떻게 하면 단순한 교회가 될 수 있을까? 단순한 교회로 가기 위해 교회 컨설팅은 무엇을 수행하는가? 단순한 교회를 세우기 위한 컨설턴트의 역할은 무엇인가?

(1) 명료한 방향성이다.

포괄적이고 방대한 방향성이 아닌 명확하고 선명한 방향성이다. 교회는 교인들을 무엇으로 섬길 수 있으며, 그들은 어떤 사람이 될 수 있으며, 구원받은 크리스천이 우리 교회를 통해 어떤 가치를 공유하고 나눌 수 있는지, 내가 몸담고 있는 교회를 통해 나는 어떤 비전을 갖게 되며, 그 비전을 향한 그들의 헌신과 수고로움이 얼마나 가치가 있는 것인지를 아주 명료하게 제시해야 한다. 교회 방향성으로 목회설계도를 그리는 것이다. 교회를 세운다는 것은 건축 설계와 같다.

"너희도 성령 안에서 하나님이 거하실 처소가 되기 위하여 그리스도 예수 안에서 함께 지어져 가느니라"(엡 2:22).

무조건 건축하는 자는 아무도 없을 것이다. 지어져 가는 교회이다. 어떤 형태로, 어떤 규모로, 어떤 순서를 따라 세워져 가는지, 그리고 최종 결과물의 조감도는 갖고 있어야 하지 않겠는가!

그러나 안타깝게도 많은 교회에 이런 설계도가 없다. 그나마 제시된 방향성은 너무 방대하고 모호해 보이는 경우가 많다. 교회 방향성은 누구나 볼 수 있고 이해되어야 한다. 그리고 지어져 가는 그 과정이 어떠한지, 교회를 방문하는 누구든지 볼 수 있어야 한다. 그리고 교회에 소속된 한 지체로서 내가 어디쯤에 서 있는지 확인할 수 있어야 한다. 함께 배를 타고 떠나는 한 공동체로서 우리 배가 어디를 향하고 있는지, 현재 위치가 어디이며 앞으로 얼마나 남았는지 알아야 하는 것과 같은 맥락이다.

(2) 제거하기이다.

아주 오래전에는 도로에 차들이 없이 한적해 운전하는 일이 참 좋았다. 그러나 이제는 복잡한 교통 체증으로 운전하는 것이 어렵게 느껴진다. 혼잡함이 주는 고통은 시간을 낭비하게 한다는 스트레스, 피로감과 정해진 약속 시간을 지켜야 한다는 압박감 등으로 고단하다.

사역의 혼잡함도 우리에게 영적인 피로감을 준다. 교회마다 크고 작은 다양한 사역들이 복잡하게 진행되고 있어서 사역 체증에 걸려 있는 듯하다. 이러한 복잡함은 마치 열심히 움직이는 듯한 이미지를 주기 때문인지 모르지만, 복잡한 사역을 쉽게 제거하지 못하고 있다.

조용히 하나님이 일하심을 기다리는 시간조차 부족하다. 도리어 막힘 현상이 생긴다. 진지하게 묻고 싶다. 과연 분주한 활동이 성숙을 보장할 수 있는가.

> "우리가 다 수건을 벗은 얼굴로 거울을 보는 것같이 주의 영광을 보매 그와 같은 형상으로 변화하여 영광에서 영광에 이르니 곧 주의 영으로 말미암음이니라"(고후 3:18).

교회 프로그램은 사람들을 위한 것이지, 프로그램을 위해 사람이 필요한 것이 아니다. 모든 교회의 방향과 프로그램은 전적으로 사람을 세워 가는 것에 초점을 두어야 한다. 그 외의 것은 제거 대상이다.

완도의 성광교회는 아주 단순하다. 예배와 팀 사역뿐이다. 하나님을 경배하고, 하나님으로부터 받은 은사를 따라 자율적으로 사역하는 교회이다. 그 외에는 받아들이지 않고, 하지 않는다. 단순함은 본질 외의 것을 제거하는 것이다.

MSC에서는 단순한 교회를 세우기 위해 RRRC 매트릭스를 활용한다.

RRRC Framework

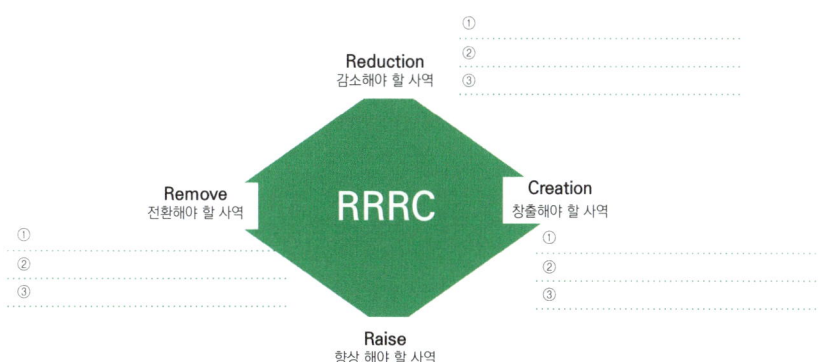

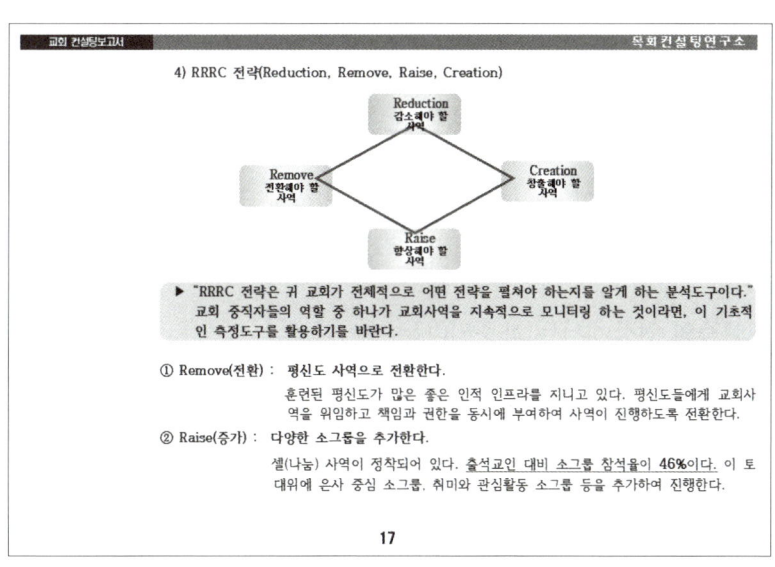

> 교회 컨설팅보고서　　　　　　　　　　　　　　　　목회컨설팅연구소
>
> ③ Creation(창출) : 전도행사와 예배의 역동성을 창출한다.
>   　귀 교회는 주일예배의 변화가 필요하다. 교회성장의 아주 중요한 한 가지가 예배이다. 예배 변화의 구체적인 제안에 대해서는 107페이지를 참조하면 된다. 또한 소그룹 전도 외에 전교회 전도행사를 통해 교회의 역동성을 보여야 한다. 특히, 교회 정면에 입주하고 있는 아파트를 대상으로 할 뿐 아니라, 논산시 전역(인근 대학 포함)을 대상으로 지속적인 전도행사가 있어야 한다. 논산시의 복음화를 위한 귀 교회의 사명일 뿐 아니라, 논산성결교회의 성장과 성숙, 역동성을 위해 반드시 창출해야 하는 사역이다.
>
> ④ Reduction(감소) : 발견하기 어렵다.
>   　두 날개 프로세스 구조라는 단순화 되어 있기 때문에 줄여가야 할 사역은 크게 나타나지 않는다.
>
> 　　　　　　　　　　　　18

(3) 추가 사역 절제이다.

무엇을 더하고 싶은 욕구는 다양한 이유에서 기인하겠지만 새로운 것을 추가하여 좋은 것을 나누고 싶은 마음 때문일 수도 있고, 또는 종전의 것이 무디어져 결과가 시원하지 않기에 대체하고 싶은 마음으로부터 비롯될 수도 있다. 그런데 중요한 것은 어떤 이유든 교인들의 입장에서는 과중된다는 것이다.

우리 교회가 건강하게 성장하기를 원한다면 어떤 새로운 것을 추가하기보다 현재 진행하고 있는 프로그램의 성과 피드백에 더 집중하는 것이 바람직하다. 추가 사역은 더 많은 것을 드러내 보일 수 있을지라도 더디게 성장하게 한다. 더하지 않음으로써 얻는 것은 집중력이다.

새로운 것이 나쁜 것은 아니다. 새로움은 관심을 끌고 성장을 창출할 수도 있다. 그러나 꼭 더하고 추가하기보다는 종전의 것을 각색하기, 보강하기도 새로움이 될 수 있다. 가중되는 프로그램이 아니어야 함을 강조하고 싶다. 교회 컨설팅은 제거할 것을 과감히 제거하고, 줄일 것을 찾아 단순화하는 과업을 수행한다.

> "나는 그들이 행한 것들에 대해서 자랑스러워하는 만큼, 그들이 행하지 않는 것들에 대해서도 자랑스럽게 여긴다."

애플의 창립자 스티브 잡스의 말이다. 하지 말아야 할 것을 하지 않는 것, 그러기 위해 사역 프로그램을 추가할 때 절제가 필요하다.

> "과정 밖에 있는 것을 없애는 결단이 요구되는 시점이다."

3) 혁신 기술: 교회의 본질을 깨운다

혁신(변화 경영)을 돕는 기술

교회 컨설팅은 본질로 돌아가는 혁신을 돕는 사역이다. 혁신은 두려운 것이다. 한 번도 가보지 않은 길이기 때문이다. 그러나 기억할 것은 돌아갈 곳이 다름 아닌 본질이라면 교회는 언제든지 유턴할 수 있고, 그렇게 해야 한다. 그것이 옳은 길이고 바른길이며 빨리 가는 길이다. 지금까지 해온 방식은 익숙하고 편리하며 고뇌와 연구를 하지 않아도 된다. 쉬운 길이며 순탄한 길이기에 그 방식을 오늘도 유지할 수 있다. 혁신에는 무감각하게 한 주 한 주 보낼 수 있다. 그러나 유지는 사실상 도태이며 침체임을 기억해야 한다.

> "그들의 총명이 어두워지고 그들 가운데 있는 무지함과 그들의 마음이 굳어짐으로 말미암아 하나님의 생명에서 떠나 있도다 그들이 감각 없는 자가 되어 자신을 방탕에 방임하여 더러운 것을 욕심으로 행하되"(엡 4:18-19).

지금 교회의 혁신은 선택이 아니라 필수이다. 혁신이다. 교회 컨설팅을 통해 어떻게 혁신의 기회를 가질 수 있을까?

첫째, 분석을 통해 혁신적 아이디어를 형성할 수 있다.

무엇을 분석하는가? 지역 주민을 분석하고, 그들의 필요와 욕구를 분석한다. 주변 교회들의 성장배경 또는 침체요인을 분석한다. 담임목사 자신을 분석하고, 이러할 경우 목회자 컨설팅의 도움을 받을 수 있다. 교인들의 욕구 조사도 있다. 분석은 혁신을 위한 첫걸음이다.

청주의 한 교회를 컨설팅한 적이 있다. 교회 규모가 작을 경우, 주로 목회자 컨설팅을 중심으로, 교회의 방향성까지 함께 제시하고 있다. 그 교회 담임목사의 장점이 많았지만, 그중에서 두드러진 것은 외국어(영어)에 탁월한 점이었다. 유학 생활이 없었음에도 유창한 영어 실력으로 외국인과 자신감 넘치는 영어 대화가 가능했다. 하지만 긴 세월 동안 모든 열정을 쏟아부은 목회에서는 열매를 맺지 못하고 있었다.

목회자 컨설팅을 통해 나는 혁신적인 제안을 했다. 담임목사는 전적으로 이를 수용했고, 지금은 그가 속한 교단에서 선교영어훈련원 원장으로 섬기고 있다. 이것이 혁신이다. 목회자 분석만으로도 새로운 사역으로 전환이 충분히 가능하다. 목회자가 지닌 은사를 분석 및 발견하고, 그 은사를 100% 활용할 수 있도록 하는 것이 혁신적 아이디어이다.

목회 이미지 제안

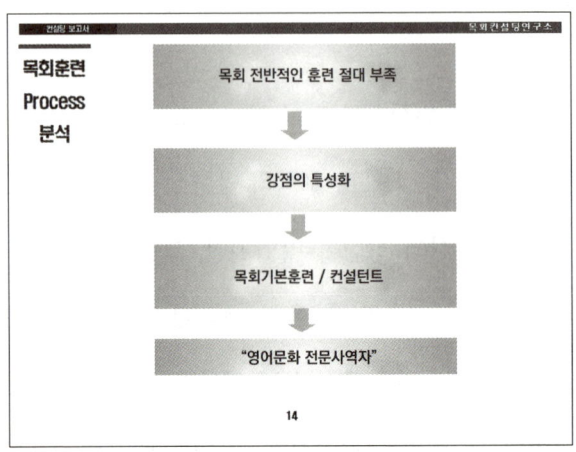

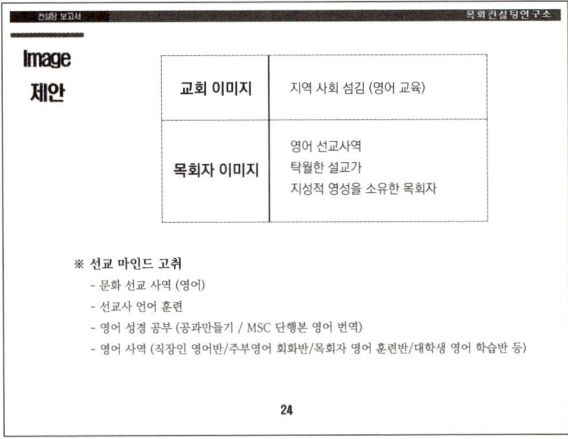

둘째, 부조화를 통해 혁신을 이끌 수 있다.

부조화는, 관행처럼 지극히 당연한 것으로 여겨 지속해 왔던 사역을 다른 측면에서 조망함으로 새로운 사역으로 혁신을 이루는 것이다. 예를 들면, 통상 교회 개척은 장년들을 대상으로 하지만 이에 대한 부조화를 발견하고 어린이를 위한 '어린이 교회'를 개척하는 것과 같다.

나는 스타벅스를 좋아한다. 스타벅스는 시애틀의 작은 가게에서 시작되어 전 세계로 뻗어나가 커피의 대명사가 될 정도로 그 시장이 위대하게 확장되었다. 스타벅스는 기존의 커피 하우스에서 제공하지 않았던 서비스를 통해, 즉 부조화를 발견하고 그것을 상품화했다. 물론 스타벅스 역시 대기업이 되고 난 후 시장 확장에만 집중하였다. 그러다가 회장인 하워드 슐츠(Howard Schultz)가 다시 자신의 기업의 부조화를 발견하고 본질로 혁신을 시도하여 지금도 계속 성장하고 있다. 이것은 일종의 차별화 전략이라 할 수 있다. 차별화는 앞에서도 언급한 것처럼 포지셔닝 맵을 그려보는 것으로도 충분히 그 지역에 세워진 우리 교회의 부조화를 발견할 수 있다.

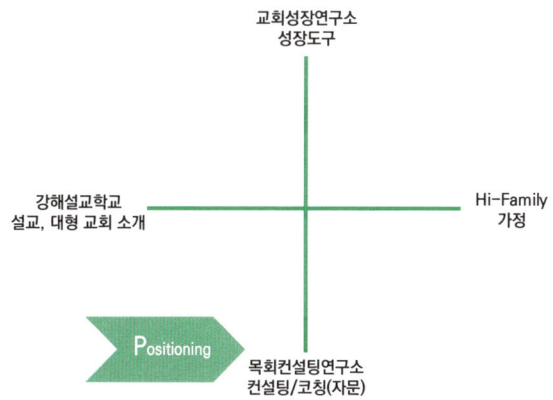

포지셔닝 맵

셋째, 전도 대상 지역의 인구변화에 따른 혁신을 도모할 수 있다.

교회에서 젊은이를 보면 너무나 반갑다. 교회에 머물러 미래를 꿈꾸며 사명을 찾아 좌충우돌하던 청년들은 어디에 가 있는 것인가? 오랜 세월 동안 그 지역에서 복음사역을 했지만, 어느새 노인이 가득한 교회를 쉽지 않게 본다. 물론 지역의 특성상 이러한 인구구조를 가진 지역이 상당히 많다. 이러한 지역에서는 어떤 사역을 펼쳐야 하는가? 당연히 노인을 위한 섬김 사역으로 전환해야 한다.

그러나 여전히 교회는 인구 변동 및 변화와는 무관하게 그 모습을 유지하기에 급급하다. 우리 교회가 섬기는 지역의 인구변화에 주목해야 한다. 그에 상응한 사역으로 수정하고 혁신해야 한다.

30대 아기 엄마들이 많은 아파트 단지에 개척한 교회가 있다. 아파트 주민을 면밀히 조사하니 주민의 64%가 30대였고, 그 가정마다 1-2명의 유아 혹은 유치반 아이들이 있음을 알게 되었다. 그리고 예배당의 절반을 아이들과 함께 예배드릴 수 있는 시설을 만들어 성공적인 개척을 이뤘다.

넷째, 과정의 변화를 통한 혁신을 이끌 수 있다.

한국교회의 제자훈련은 천편일률千篇一律이라 해도 과언이 아니다.

도시의 대표 명사인 강남에서 출발한 제자훈련은 전국으로 확산되었고, 오랜 세월이 지난 지금까지도 교회의 중심 사역으로 자리 잡고 있다. 강남에서 배운 제자훈련 과정을 그대로 각 교회에 이식했지만, 무리수가 많았다. 세월이 흘러 새로운 제자훈련 모형이 요청되었다. 그래서 혁신적인 '예수제자훈련'이 등장했고, 다시 이것을 도입하는 교회가 또다시 늘어나고 있다.

영어권에서 사용하는 유명한 자기관리 속담이 있다.
"When in Rome, do as the Romans do."
제자훈련의 핵심인 '예수의 제자 되기'를 제외한 제자훈련 과정은 개 교회마다 목사의 역량과 구성원들의 신앙의 성숙도, 지역의 영적 지도에 따라 다르게 적용해야 한다. 제자훈련의 목적은 고수하지만, 그 목적을 성취하는 방법은 그 지역의 교회에 맞게 과정을 혁신해야 한다.

제자는 훈련 과목 수료로 만들어지는 것이 아니다. 훈련은 교육과 다르다. 교육이란 지식을 체계적으로 습득하는 것이라면, 반면 훈련은 반복, 반복, 또 반복 학습으로 삶으로 구현되는 것이다. 그의 삶에 예수님의 제자다운 습관들이 형성되고 제자다운 성품이 드러나게 하는 것이 훈련이다.

먼저 예수의 제자로 훈련된 목회자가, 공동체의 성숙도에 맞게 과정의 변화를 도모해 혁신을 이끌 수 있다.

10.
교회 컨설팅의 기본 툴킷^{Toolkit}

이 책의 마지막 장으로, 여기서는 교회 컨설팅에 사용하는 기본적인 도구인 컨설팅 툴킷^{toolkit}을 모아 설명한다.

1) 컨설팅 도구 종합 지도(1)

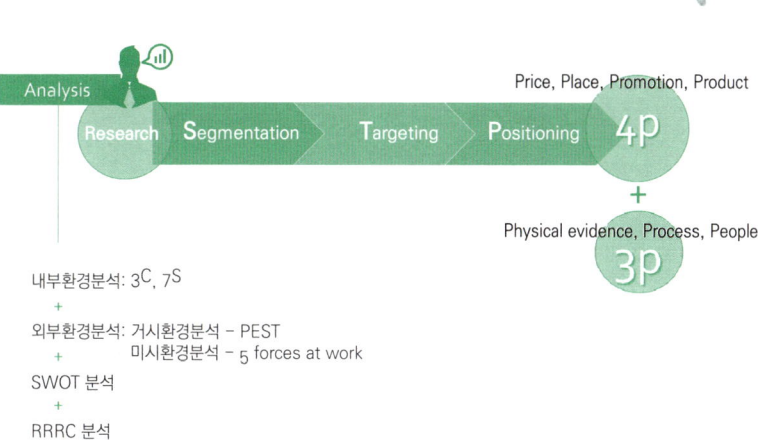

2) 컨설팅 도구 종합 지도(2)

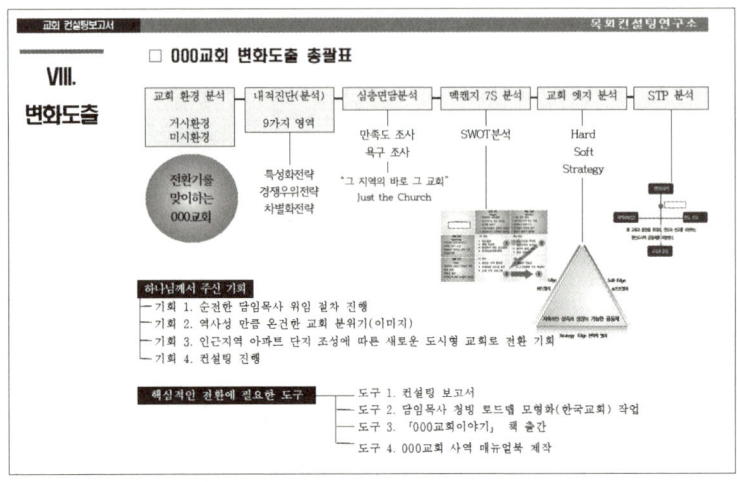

3) 내부환경분석(3C)

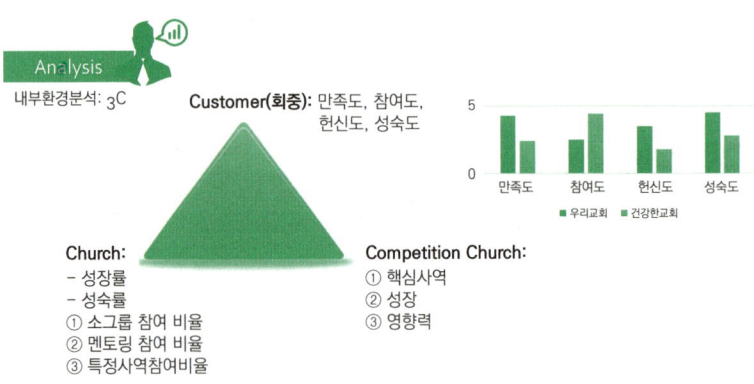

상기 툴킷은 교회 내부환경을 분석하는 도구로, 회중(customer)의 상황을 분석할 때 사용한다. 회중들의 교회에 대한 만족도와 교회

행사와 프로젝트 수행에 참여하는 비율, 그리고 헌신도와 성숙도를 측정한다. 여기서 헌신도의 측정은 물적, 인적 헌신을 포함하며, 성숙도는 크게 두 가지로 나눠 측정한다. 하나는 하나님께 대한 감사를 드리는 예물 및 헌금으로 하고, 다른 하나는 소그룹에 참여하는 비율로 가늠한다. 어떤 이의 가치가 무엇인지 알고자 할 때, 그 사람이 어디에 시간과 돈을 가장 많이 사용하는지 파악하는 것으로 가늠할 수 있기 때문이다.

인근 교회와의 차별화를 도모하기 위해, 우리 교회가 핵심사역으로 차별화된 것이 무엇인지 분석해야 한다. 이때 경쟁교회(인근 또는 이웃 교회, 경쟁이라는 용어의 사용에 대해서는 앞에 언급한 부분을 참조하면 좋겠다)의 상황 분석도 반드시 함께 한다. 경쟁교회의 성장 속도, 지역사회에서 그 교회의 평판이 어떠한지, 영향력의 크기를 측정하여 우리 교회와 비교분석한다.

또한 우리 교회의 최근 5년간 성장률과 소그룹 참석 비율, 특별사역에 참여하는 빈도수를 가늠한다. 이러한 분석을 데이터로 전환해서 한눈에 볼 수 있게 한다.

4) 내부환경분석(7S)

내부환경분석에 활용하는 7S 분석은 교회 조직을 이해하고 새롭게 설계하는 데 매우 유용하게 활용되는 도구이다. 7S의 구성요소는 Strategy(전략), System(시스템), Structure(구조), Style(스타일), Skill(능력), Staff(직원), Shared Value(공유가치)이다.

내부환경분석 : 7S

No.	S	현 상황	대안	비고
1	Strategy			
2	System			
3	Structure			
4	Staff			
5	Skill			
6	Style			
7	Shared Value			

이 분석 도구는 크게 내부 조직의 '하드웨어'(전략, 시스템, 구조)와 '소프트웨어'(스타일, 능력, 직원, 공유가치)로 나뉜다.

① 전략(Strategy)은 공동체가 추구하는 목표 달성을 위한 방향과 계획을 말한다.

② 시스템(System)은 교회의 관리체계, 운영절차, 교회 내규 등을 말한다.

③ 구조(Structure)는 교회의 조직체계도를 말한다.

④ 스타일(Style)은 교회 조직의 경영방식을 말한다.

⑤ 능력(Skill)은 교회 전체가 능동적으로 수행하는 능력을 말한다.

⑥ 직원(Staff)은 목회자 인적 자원과 평신도 사역 인적 자원을 말한다.

⑦ 공유가치(Shared Value)는 교회가 갖는 비전과 가치관의 공유 정도를 말한다.

5) 외부환경분석: 거시환경분석(PEST)

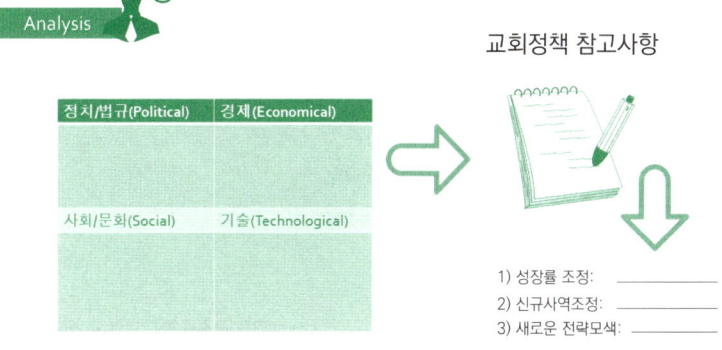

PEST 분석은 교회를 둘러싼 거시환경 영향요인을 찾아 우리 교

회의 현재와 미래에 영향을 미치는 기회와 위협요소를 분석하는 것이다. 여기에 생태적 환경(Ecological Environment)을 추가하여 STEEP 분석이라고도 한다.

Economic (거시, 미시)
- 교회부채로 인한 피해(출처: 건강한교회 재정확립 네트워크, 2006년)
  (1) 한국교회 재정운용 실태조사(지출분석)

순위	항목
1위	사무관리행정비(22.28%)
2위	사례비(16.91%)
3위	부채상환금(11.42%)
4위	선교비(10.67%)
5위	자산취득, 적립(10.23%)

  (2) 한국교회가 은행에 진 빚에 대한 1년 이자: 3조 원
  한국교회가 은행에 진 대출 금액: 천문학적 수치
- 재정의 투명성 요구 강함
- 재정의 빈익빈 부익부 현상

Political/legal (정책, 법규)
- 지역사회 섬김 제도적 압박
- 교회기관 활용에 대한 법적인 제재 심화됨
- 비영리사역과 영리사역의 명확한 구분

6) 외부환경분석: 미시환경분석(5 Force Model)

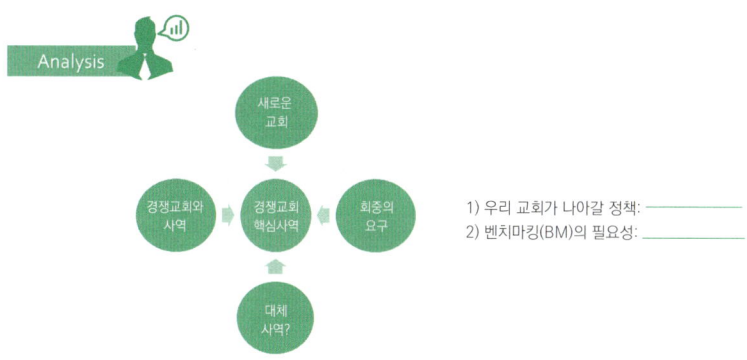

1) 우리 교회가 나아갈 정책: _____
2) 벤치마킹(BM)의 필요성: _____

5 Force Model을 교회에 적용하는 목적은 다음과 같다.

첫째, 그 지역에서의 경쟁요인을 분석하여 교회의 방향성을 찾아가기 위함이다.

둘째, 교인들의 욕구가 무엇인지 살피기 위함이다.

셋째, 차별화를 위하여 우리 교회가 가용할 수 있는 역량이 무엇인지 찾는 것이다.

넷째, 미래교회의 방향을 결정하기 위함이다.

7) SWOT 분석

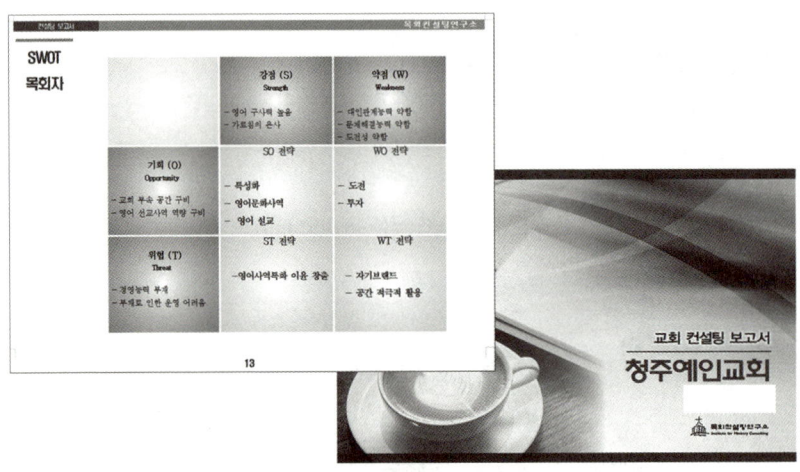

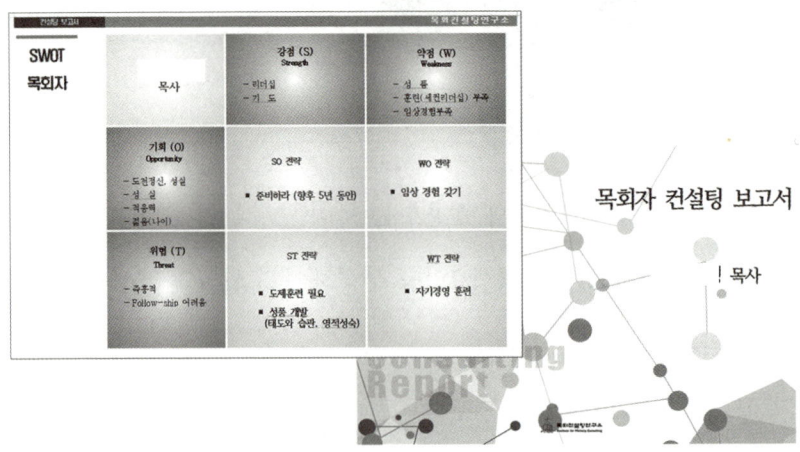

SWOT 분석의 목적은 교회 혹은 목회자의 기회와 위협요인, 강점과 약점을 도출하여 교회의 전반적인 상황을 파악하는 데 있다. 또한 기회와 위협요인을 강점을 통해 어떻게 활용하고 보완하거나 대처할 수 있는지 그 전략을 수립하는 데 있다.

SWOT 분석은 분석 자체에 의미를 두기보다 각 요인의 결합을 통해 전략을 수립하고 그 우선순위를 결정하는 것이 매우 중요하다.

SWOT 분석	강점 (S) Strength	약점 (W) Weakness
기회 (O) Opportunity	SO 전략 ■ ■	WO 전략 ■ ■
위협 (T) Threat	ST 전략 ■ ■	WT 전략 ■ ■

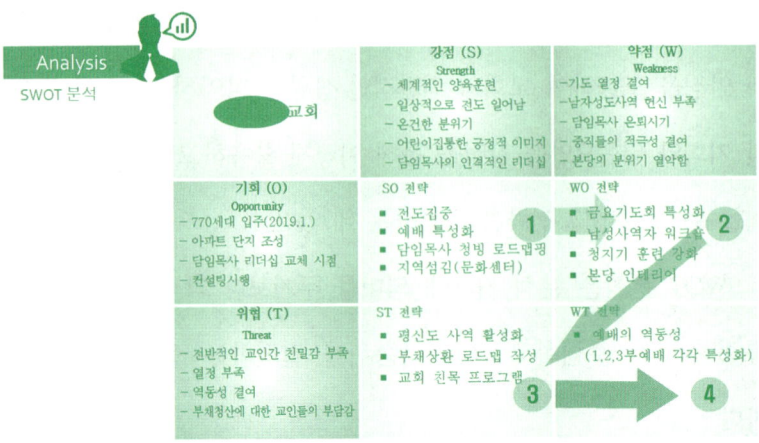

8) RRRC(Reduction, Remove, Raise, Creation)

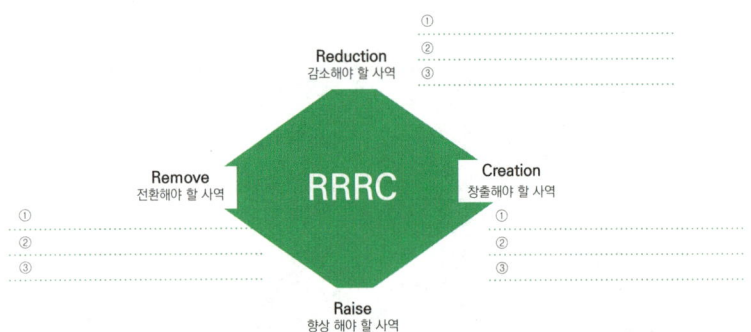

RRRC 매트릭스는 총체적인 교회 사역을 정리하는 데 그 목적이 있다.

9) STP(Segmentation, Targeting, Positioning)

STP는 시장 세분화(Segmentation), 표적 시장 선정(Targeting), 위상 정립(Positioning)의 첫 자를 딴 마케팅 전략 중 하나이다. 교회의 방향성과 미래 전략을 도출할 때 사용되는 툴킷이다.

Segmentation → **T**argeting → **P**ositioning + Pyramid of Desires

(1) Segmentation

지역을 세분화하는 것이다. 사회계층, 지역민들의 개성, 라이프 스타일, 연령, 성별, 소득, 가족 수, 도시문화, 욕구 이러한 내용을 분석하는 것이다.

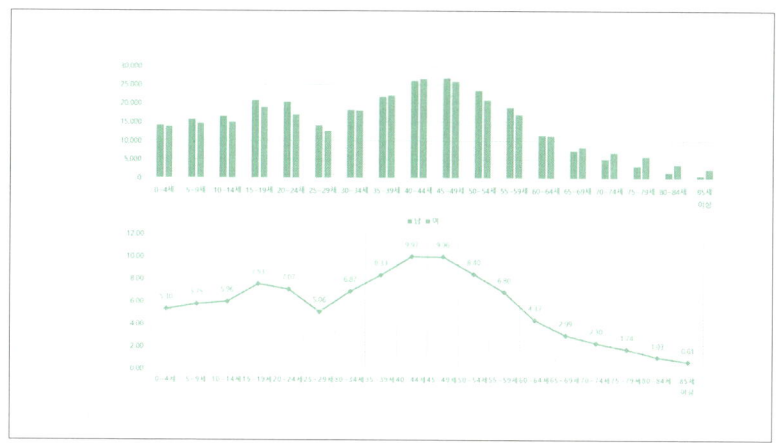

교육 정도별

구분	2,010년 총계	졸업 소계	졸업 (초등학교)	졸업 (중학교)	졸업 (고등학교)	졸업 (대학)	졸업 (대학교)	졸업 (대학원이상)
계	449,230	295,107	26,462	29,418	128,984	45,431	59,161	6,051
6-9세	26,254	-	0	0	0	0	0	0
10-14세	40,322	106	63	43	0	0	0	0
15-19세	36,525	1,791	29	196	1,525	41	0	0
20-24세	25,609	8,375	11	144	3,389	2,595	2,215	21
25-29세	29,665	24,584	43	275	6,547	7,502	9,872	345
30-34세	39,097	35,845	58	332	12,215	10,477	11,745	1,018
35-39세	50,651	47,415	147	630	23,214	10,615	11,469	1,340
40-44세	50,863	47,811	382	1,878	27,286	6,944	10,237	1,084
45-49세	43,007	40,360	1,395	4,489	22,613	3,884	7,041	938
50-54세	33,482	31,256	2,988	6,732	15,537	2,045	3,303	651
55-59세	21,613	19,919	3,907	5,551	7,898	723	1,467	373
60-64세	15,639	13,815	4,380	4,096	4,120	318	742	159
65-69세	12,533	10,023	4,524	2,547	2,266	137	479	70

학교

학교별(1)	학교별(2)	학교수(개)	학급(반)수(개)	보통교실수(개)	학생수(명)	남학생수(명)	여학생수(명)	교직원수(명)	교감수(명)	남자교감수(명)	여자교감수(명)	사무직원수(명)	남자사무직원수(명)	여자사무직원수(명)	교원1인당학생수(명)
계	소계	215	3,329	4,056	107,740	56,332	51,408	7,801	6,787	2,263	4,524	1,014	455	559	15.87
유치원	소계	88	414	419	9,646	4,894	4,752	695	685	7	678	10	2	8	14.08
초등학교	소계	58	1,482	1,858	36,185	18,865	17,320	2,447	2,197	479	1,718	250	95	155	16.47
중학교	소계	31	636	1,003	20,525	10,828	9,697	1,394	1,281	362	919	113	52	61	16.02
	국공립	27	596	928	19,376	10,384	8,992	1,301	1,200	324	876	101	45	56	16.15
	사립	4	40	75	1,149	444	705	93	81	38	43	12	7	5	14.19
일반계고등학교	소계	15	428	484	15,140	7,081	8,059	1,107	932	339	593	175	46	129	16.24
	국공립	14	411	452	14,609	7,081	7,528	1,066	896	314	582	170	42	128	16.30
	사립	1	17	32	531	0	531	41	36	25	11	5	4	1	14.75
특수목적고등학교	소계	1	15	15	372	87	285	77	51	26	25	26	6	20	7.29
	국공립	1	15	15	372	87	285	77	51	26	25	26	6	20	7.29
	사립	0	0	0	0	0	0	0	0	0	0	0	0	0	0.00
특성화고등학교	소계	5	111	121	2,874	1,773	1,101	295	247	129	118	48	23	25	11.64
	국공립	3	75	82	2,029	1,677	352	209	170	91	79	39	18	21	11.94
	사립	2	36	39	845	96	749	86	77	38	39	9	5	4	10.97
자율고등학교	소계	2	58	108	1,899	1,505	394	135	123	43	80	12	5	7	15.44
	국공립	2	58	108	1,899	1,505	394	135	123	43	80	12	5	7	15.44
	사립	0	0	0	0	0	0	0	0	0	0	0	0	0	0.00
전문대학	소계	1	14		1,378	482	896	82	46	21	25	36	20	16	29.96
대학교	소계	3	64		17,654	9,881	7,773	1,422	1,109	813	296	313	191	122	15.92
대학원	소계	10	62		1,788	758	1,030	49	28	24	4	21	11	10	63.86
특수학교	소계	1	45	48	279	178	101	98	88	20	68	10	4	6	3.17

(2) Targeting

Targeting은 Segmentation으로 구분된 회중에서 교회가 우선적으로 집중할 표적 대상을 선별하여 사역 계획을 세우는 것이다.

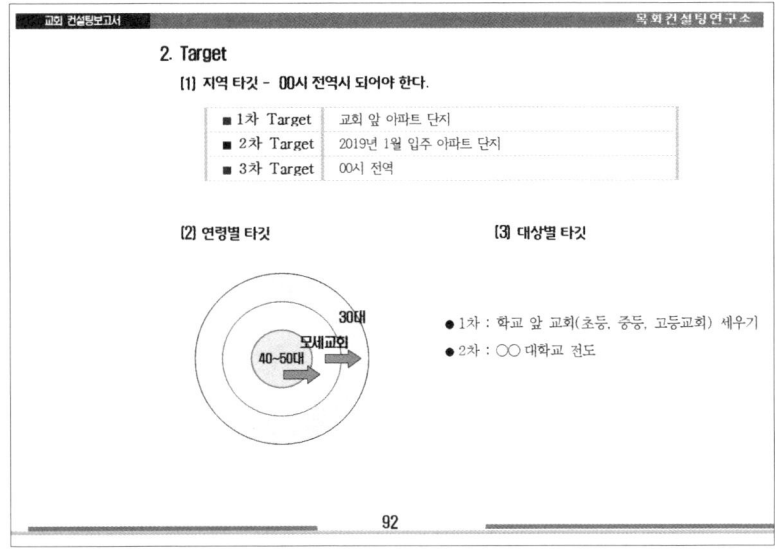

일반적으로 경영 컨설팅에서는 타게팅을 3가지로 구분한다.

① 비차별화 전략으로 표준화 전략이라고도 한다. 회중 대상을 전체적으로 섬긴다. 전 연령층을 대상으로 하는 전략인데, 대형교회가 멀티로 사역을 전개하는 것과 같다.

② 차별화 전략으로 2개 이상의 세분화된 회중을 대상으로 사역을 전개하는 방식이다. 예를 들면, 30대 부부를 위한 부부학교를 전개하면서 그들의 유아들을 위한 돌봄사역을 진행하는 것이다.

③ 집중화 전략으로 세분화된 대상 중 한 대상에게 집중하는 전

략으로, 과거 꽃동산교회의 사역 전략과 같다. 중소형교회가 대상별 집중사역을 전개하다가 점점 단계적으로 사역을 확대해 가는 전략으로 활용한다.

타게팅		
비차별화 전략	차별화 전략	집중화 전략

(3) Positioning map

Positioning이란 교회의 이미지를 지역의 사람들에게 차별화된 브랜드로 인식시키는 전략이다. 2001년 본 연구소의 개소계획을 세울 때도 Positioning map을 활용했다. 아래 MSC 연구소의 Positioning map에서 볼 수 있는 것처럼 기존의 연구소와 차별화 전략을 채택하여 지금까지 사역을 지속하고 있다.

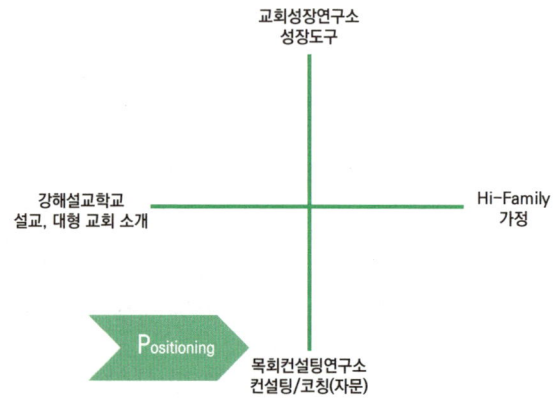

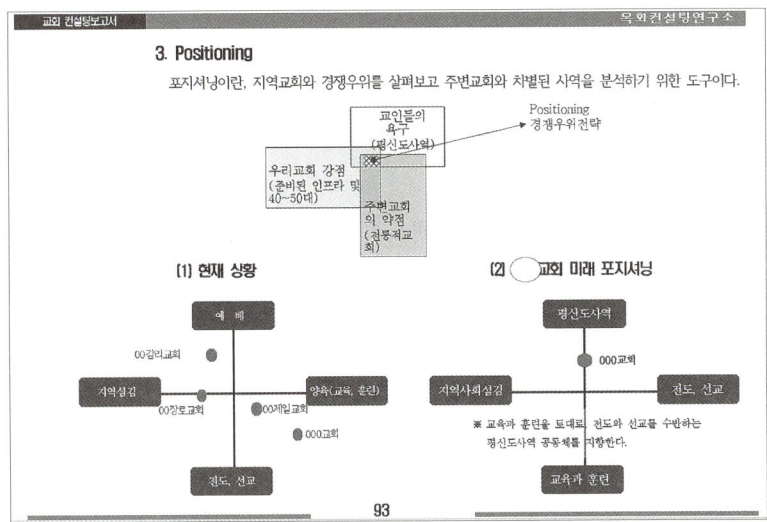

10) 4P+ 3P 전략

(1) 4P

마케팅의 가장 기본이 4P: Product(상품), Place(유통, 장소), Price(가격), Promotion(광고, 홍보)이다.

교회에 적용하면, '상품'은 '핵심사역'이다. 상품은 복음과 복음전달의 방법, 그리고 사역의 질적인 것과 관련이 있다.

'장소'는 '교회 위치'를 뜻하는 것으로 지역에서의 교회 위치, 교회 건물 자체, 예배당, 교육관, 부대시설을 의미한다.

'가격'은 가치와 연결하여 교인들의 '헌신'과 직결될 것으로 생각한다. 과도한 헌신이 요구되는 교회는 정체와 침체, 분열의 아픔까지 겪는 사례를 많이 접하게 된다. 단기간 교회 성장을 이뤄야 한다는 부담감은 무리한 헌신을 강요하게 되어 도리어 어려움을 겪는 것이다.

'홍보'는 전도를 위한 전단지, 교회 홍보물, 주보 등 교회를 알리기 위해 수행되는 모든 것을 포함한다.

복음을 상품과 가격에 비교하여 폄하한다고 제발 판단하지 않았으면 한다. 이 세상 만물과 모든 지식은 하나님으로부터 비롯되지 않은 것이 없으며, 세상에서 사용하는 분석 도구라고 해서 그것 또한 세속적이라는 개념은 이원론적이라고 생각한다. 또한 나는 복음을 절대가치로 두고 있다.

(2) 3P

Physical Evidence	Process	People

교회는 일반 공동체와 달리 교회만의 비교할 수 없는 영적인 독특성이 살아나야 한다. 그것은 영적 체험이다. 교회를 통해 살아 계신 하나님의 임재를 경험하고 삶 가운데 복음적 경험과 변화를 날마다 체득하는 것이다. 이것이 없다면 교회는 일반 기업 조직과 다를 바가 없다.

교회는 영적 체험의 장이 되어야 한다. 교인들 가운데 경험된 하나님에 대한 수많은 간증이 고백되고, 예배를 통한 성령의 체험을 맛보고, 구속의 은혜가 멈추지 않고 흐르는 공동체가 되어야 한다. 동시에 교인들이 교회를 통해 체계적인 교육과 훈련이 되어야 함은 물론이다. 새가족으로 등록되는 순간부터 중직자로 성장할 때까지 전 과정이 규모 있고 질서에 따라 체계적으로 진행되도록 해야 한다.

무엇보다 교회는 하나님의 사람을 세우는 곳이다.

"하나님의 사람으로 온전하게 하며 모든 선한 일을 행할 능력을 갖추게 하려 함이라"(딤후 3:17).

이것은 우리에게 말씀을 주신 목적이다. 그러한 말씀을 토대로 교회는 하나님의 사람들을 온전하게 세워 가는 사역을 하는 공동체이다. 사도 바울이 디모데를 일컬어 "내 아들아 그러므로 너는 그리스도 예수 안에 있는 은혜 가운데서 강하고"(딤후 2:1)라고 기록하고 있다. 사도 바울의 영적인 아들이 디모데인 것처럼 건강한 교회는 교회 안에서 영적인 관계가 맺어지도록 한다.

"오직 너 하나님의 사람아 이것들을 피하고 의와 경건과 믿음과 사랑과 인내와 온유를 따르며"(딤전 6:11).

하나님의 사람을 세우는 교회가 되어야 한다.

11) 교회의 Edge 분석

미래 교회는 그 지역에서 특성화, 전문화, 차별화를 요구한다. 아울러 교회는 살아 있는 주님의 몸이기에 건강하게 지속적으로 성장하고 성숙해야 한다. 교회의 지속 성장이 가능하도록 활용하는 분석 도구로 다음의 매트릭스(툴킷)를 활용한다.

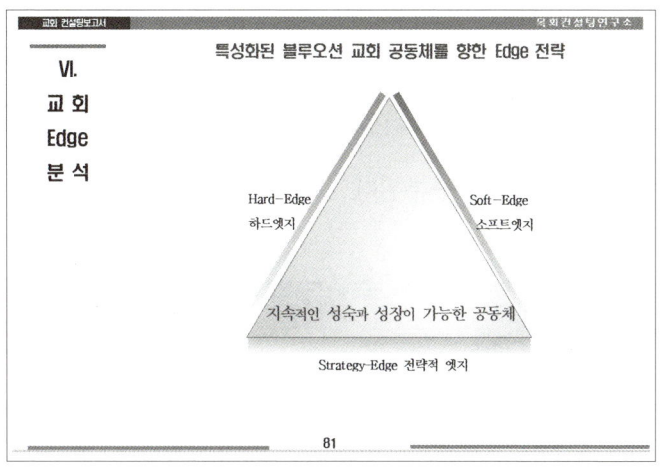

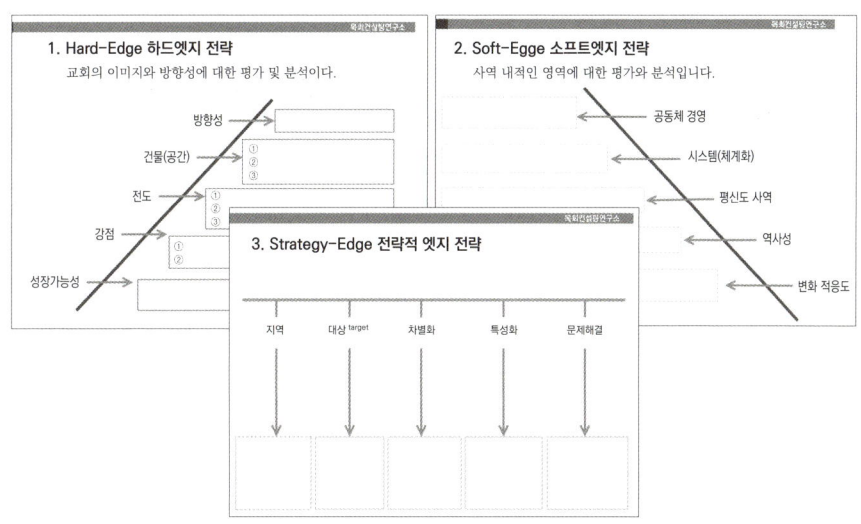

12) 설문조사

설문조사는 교인들의 '만족도 조사'를 위한 설문과 교인들의 영적 혹은 교회 생활의 '필요와 욕구를 조사'하기 위한 설문, 그리고 '건강한 교회의 12가지 특성'에 대한 설문, 마지막으로 기본적인 교회 컨설팅 설문조사로 구분된다.

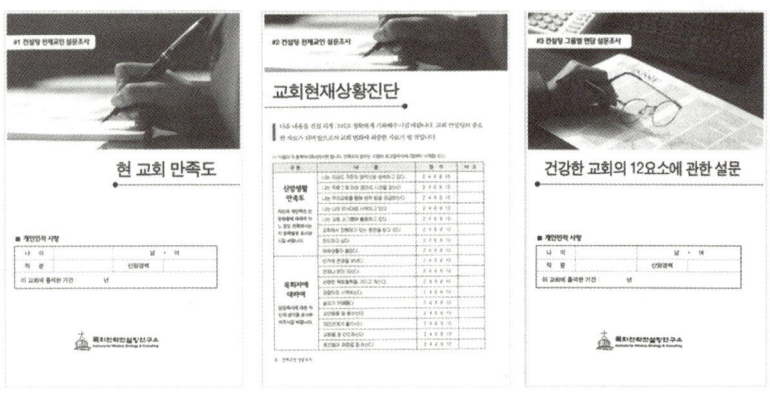

교회 컨설팅을 시행할 때, 가장 기본적으로 그룹 인터뷰를 진행한다. 이때 사용하는 설문은 교회 5대 기능(예배, 전도와 선교, 교육과 훈련, 지역사회 섬김, 교제)을 중심으로 한 평가 설문, 컨설팅을 의뢰한 교회의 구조(조직)에 대한 평가 설문, 그리고 다음 세대(교육부서 전체)의 사역 평가 설문, 그리고 미래 교회에 요청되는 5가지 요소(특성화, 전문화, 차별화, 단순화, 객관화(데이터화))에 대한 전략 평가로 이루어진다.

- 교회 5대 기능 평가 설문

- 교회 구조(조직) 평가 설문

- 다음 세대 사역 평가 설문

- 미래 교회 5요소 전략 평가 설문

나가면서

"보라 내가 너희를 보냄이 양을 이리 가운데로 보냄과 같도다 그러므로 너희는 뱀같이 지혜롭고 비둘기같이 순결하라" (마 10:16).

주님께서는 이 세상을 이리로 비유하시고 우리를 양과 같다고 하셨다. 세상 속에서 주님의 몸을 세워 가기 위해서는 지혜로움이 필요하다. 한국교회는 신앙과 믿음의 순결함을 전하기 위해 고군분투했고 앞으로도 그럴 것이다. 단지 우리는 세상 가운데 하나님의 뜻을 이루는 도구이며, 하나님 나라가 임하기 위한 통로로 사용될 뿐이다. 만물의 주인이신 창조주는 우리를 감성, 지성, 이성, 영성을 소유한 인격체로 창조하셨다. 우리가 모인 교회 역시 전인적인 그리스도의 몸으로 영성과 지성, 그리고 이성의 통전성으로 세워져 가야 할 것이다.

건강한 몸은 각 마디, 각 기관에 원활한 순환이 이뤄진다. 이처럼 건강한 교회는 교인들의 영적인 욕구가 무엇이고 삶의 필요가 무엇인지 그들에게 귀를 기울여야 하며, 소통이 막히지 않도록 해야 한다. 우리의 건강을 위해 건강검진을 받고 때로는 처방을 통해 건강을 유지하듯, 주님의 몸인 교회도 진단과 분석으로 건강도를 점검해야 하지 않을까.

교회 컨설팅은 교회와 지역의 가교 역할을 하며, 교인들과 중직자, 중직자와 목회자들에게 소통의 도구가 된다. 교회가 지역에서 어떤 사역을 진행해야 하는지, 그리고 현재 진행하고 있는 사역들이 얼마나 적절하고 필요한 것인지 파악할 수 있도록 한다.

컨설팅은 '인문사회과학' 분야로 분류된다. 더욱이 교회 컨설팅이란 목회와 교회 사역 분야에 전문성을 띤 전문가들이 본인들의 지식과 경험을 활용해서 교회 전반에 관한 문제의 해결안을 제시한다. 그리고 객관적이고 통전적인 시각에서 교회의 기획 과정을 지원하는 사역이다.

인지하여 알든 모르든 컨설팅은 우리의 모든 삶에 깊숙하고 자연스럽게 자리하고 있다. 무엇을 먹든, 무엇을 구매하든 일상은 컨설팅이라는 용어만 사용하지 않았을 뿐 사실은 컨설팅을 하며 살고 있다. 가격을 비교하고, 정보를 찾아 견적을 내고, 나에게 적합한지 확인한다. 다른 사람들의 선호도도 참조하고, 그들의 평가도 유심히 살펴본 후에야 결정한다. 이것이 곧 컨설팅이다.

교회의 모든 하드웨어도 역시 컨설팅을 통해 구입한 것이다. 심지어 교회 건축도, 교회 안의 모든 성물도 컨설팅을 통한 것이다. 교회의 소프트웨어는 어떠한가? 당회, 제직회, 각 모임의 회의, 그리고 모든 조직의 재정 관리, 인사 관리, 비품 관리, 시설 관리 등 교회 안의 모든 관리 일체는 책임자들이 나름의 컨설팅을 하고 있다. 결산보고와 내년을 위한 정책당회, 이러한 일련의 목회사역을 위한 행위도 작은 규모의 컨설팅 수행과정과 동일한 것이다.

교회를 컨설팅하는 것은 영성을 분석하는 것이 아니다. 공동체가 지속 성장과 성숙이 가능하도록 돕고, "너희는 가서 모든 민족을 제자로 삼아 아버지와 아들과 성령의 이름으로 세례를 베풀고…"라고 하신 주님의 말씀을 교회가 이룰 수 있도록 즉 교회가 세상에 다가

설 수 있는 전략을 돕는 사역이다.

교회를 교회 되게 하고, 목회사역이 건강하게 뿌리내리며, 교인들이 행복하면서 동시에 지역에 마땅히 존재해야 하는 교회가 되도록 해야 한다. 교회의 모든 지체들이 건강하기 위해, 우리 자신을 포함하여 모든 사역들의 내일을 위해서는 교회와 목회에 대한 피드백을 받고 검진을 받는 컨설팅이 이루어져야 한다.

미래 한국교회의 대안 시리즈 ①
왜 교회 컨설팅인가?

1판 1쇄 인쇄 _ 2020년 7월 10일
1판 1쇄 발행 _ 2020년 7월 15일

지은이 _ 김성진
펴낸이 _ 이형규
펴낸곳 _ 쿰란출판사

주소 _ 서울특별시 종로구 이화장길 6
편집부 _ 745-1007, 745-1301~2, 747-1212, 743-1300
영업부 _ 747-1004, FAX 745-8490
본사평생전화번호 _ 0502-756-1004
홈페이지 _ http://www.qumran.co.kr
E-mail _ qrbooks@gmail.com / qrbooks@daum.net
한글인터넷주소 _ 쿰란, 쿰란출판사
페이스북 _ www.facebook.com/qumranpeople
인스타그램 _ www.instagram.com/qrbooks
등록 _ 제1-670호(1988.2.27)
책임교열 _ 박은아·오완

ⓒ 김성진 2020   ISBN 979-11-6143-400-1 94230
                979-11-6143-401-8 (세트)

책값은 뒤표지에 있습니다.
이 출판물은 저작권법에 의해 보호를 받는 저작물이므로 무단 복제할 수 없습니다.
파본(破本)은 구입처에서 교환해 드립니다.